讀懂孩子言行中的隱藏訊息

沉默中的共鳴

樂律

由正向溝通開始
陪伴孩子度過成長中的每一個關鍵時刻

錢榮 著

建立自信與韌性，幫助孩子克服成長中的挑戰
無聲勝有聲，搭建通往心靈深處的橋梁
打造健康的親子關係，由積極溝通開始
在家中培養愛與支持，在同儕間建立信任與友誼

終結破碎家庭的循環，為下一代創造更光明的未來

目 錄

前言

第一章
非語言的溝通：陪伴式溝通

  第一節 哭泣：溝通從第一聲啼哭開始 ………………012
  第二節 笑容：從無意識到有意識 …………………………021
  第三節 對視：從「看」到看見 …………………………028
  第四節 擁抱：依附關係的建立 ……………………………035
  第五節 蹬腿：情緒的宣洩還是身體的發育 ……………042
  第六節 副語言：從聲音聽人心 ……………………………049
  第七節 傾聽：無條件積極關心 ……………………………055

第二章
家庭中的溝通：父母是孩子的榜樣

  第一節 忽視：先為夫妻而後為父母 ………………………064
  第二節 我愛你：愛意的表達與傳遞 ………………………071
  第三節 冷漠：冷暴力也是一種傷害 ………………………078
  第四節 家庭暴力：無法挽回的創傷 ………………………084

第三章
生活中的溝通：規則的建立和社會角色的認知

第一節　害羞：躲在媽媽身後的孩子 …………………… 090

第二節　搶占：走開，這些都是我的 …………………… 096

第三節　聽我的：規則？權威？尊重 …………………… 102

第四節　角色扮演：我也想當爸爸／媽媽 ……………… 109

第五節　我們不一樣：性別意識的引導 ………………… 115

第四章
學習中的溝通：引導良好的學習習慣

第一節　動機：學習內在驅動力的激發 ………………… 122

第二節　畏難：放棄還是堅持 …………………………… 129

第三節　拖延：半夜睡覺因為作業多 …………………… 136

第四節　成績：第一名才最棒 …………………………… 143

第五節　厭學：除了學習，別無他路 …………………… 150

第六節　博識：兩耳不聞窗外事，一心只讀聖賢書 …… 157

第七節　補習班：為了孩子還是為了自己心安 ………… 163

第五章
同伴中的溝通：幫助孩子找到自信

　　第一節　友情：同伴是成長的必須 …………………172
　　第二節　衝突：矛盾化解與友誼的維繫 ……………178
　　第三節　別人家的孩子：有選擇的比較 ……………184
　　第四節　爭寵：孩子間關係的緩和 …………………191
　　第五節　榜樣：尋找榜樣與成為榜樣 ………………198
　　第六節　異性朋友：杜絕還是引導 …………………204

第六章
手機、網路的溝通：一念親近，一念成恨

　　第一節　手機：溝通？學習？遊戲 …………………212
　　第二節　網路遊戲：堅決杜絕還是一起玩耍 ………218
　　第三節　網路成癮：戒斷沉溺 ………………………224
　　第四節　流行語：縮小代溝的媒介 …………………230

第七章
挫折中的溝通：也無風雨也無晴

第一節　孤立：走自己的路，讓別人「無路可走」……238

第二節　霸凌：孩子如何自我保護……244

第三節　離異：父母的問題，與孩子無關……251

第四節　挫敗：如何擺脫持續的挫折感……257

第五節　死亡：敬畏生命、儀式告別……265

前言

「哇 —— 嗚哇 ——」

一聲啼哭，孩子降生，一個家庭增添了一個新生命。從這一聲啼哭開始，媽媽和爸爸開始承擔起養育孩子的責任。

作為新手父母，突然承擔起這個角色，焦慮開始萌生：

「沒有學習過如何當父母，我們會當好父母嗎？」

「這麼小的孩子，不會說話，怎麼知道他要幹麼？我們說話他又聽不懂，怎麼辦？」

「怎麼一直在哭，到底要做什麼？」

「喲，笑了，笑了，你們看，他在跟我笑！哈哈！」

孩子的哭泣讓我們煩躁，無意識的一個笑容讓我們欣喜半天。孩子半夜的啼哭讓我們揪心無眠，那麼如何從孩子的非語言表情、動作中讀懂孩子需要什麼？又如何與他進行非語言的溝通？

盼著盼著，眼裡的孩子長大了、會走路了、會說話了、會叫「爸爸」、「媽媽」了、會伸出小手喊「媽媽抱」、「媽媽親」，聽到孩子那稚嫩的叫喚，父母內心像吃了蜜一樣甜，但這時，新的煩惱出現了：

前言

　　床上到處都是撕碎的衛生紙，火冒三丈？怒吼讓他停止？拿走衛生紙，立即收拾乾淨？還是安心坐下來和他一起撕？

　　家裡有很多玩具，孩子看到新玩具，還是賴著不走，大聲叫嚷「我要玩，我要玩」，帶他轉身走開時，孩子大哭大鬧不止，立刻買給他？打罵讓他停止？還是任由他哭？

　　帶孩子出去玩，許多小朋友在嬉鬧，想讓他參與其中，可是孩子一直鑽在懷裡，或躲在身後，訓斥他？強行拉他過去？還是立刻帶他回家？

　　家裡來了客人，也來了小朋友，可是孩子所有的玩具都不讓別人碰，大聲叫喊著「這是我的」、「這個是我的，不要碰」、「這些都是我的，你走開」，父母該如何化解尷尬的場面？

　　對於幼兒的成長，父母如何給他更多的安全感？讓他勇於走出去，主動尋找同伴玩？幼兒在無理取鬧時又該如何化解？在逐漸形成自我意識時，如何引導其樂於和同伴分享？如何幫助他培養良好的生活習慣、建立規則意識？

　　孩子上學了！終於不在家裡淘氣了！可是又來了新的困擾：

　　孩子突然說不想去上學了，父母怎麼跟他溝通，以了解到底是什麼原因？

孩子說在學校被小朋友欺負了，父母是第一時間質問他是不是做錯什麼了，還是耐心地引導他講完整個過程？是站在他的角度，引導他自己解決？還是以權威的口吻，跟他講有問題立刻告訴老師？

孩子上學後，開始學習功課，父母的比較心理可能也隨之而來，越來越多的家長以「權威者」的身分命令孩子做這做那，趕著時間送他們去各種補習班，與孩子的溝通卻越來越少，我們如何更高效地與孩子溝通？如何讓孩子能跟自己心貼心，經常跟自己說說心裡話？

青春期的孩子，懂得了更多，表達能力也強了很多，但與父母的溝通卻變得越來越少，甚至一言不合就摔門而去，父母如何跟他們進行溝通？

青少年開始尋求自主、獨立空間，進房間鎖門，寫日記鎖抽屜，手機設定密碼，父母是認可他們的獨立需求，將其當作成人看待？主動與其溝通一些事件的看法？還是背著他們檢視孩子的隱私？如何讓他們敞開心扉與自己溝通？

孩子花越來越多的時間在手機上，抱著手機，對著手機傻笑，你詢問笑什麼時，得到一句「沒什麼」，是喝斥他趕緊回房間寫作業，還是進一步探討內容？

孩子交了很多朋友，在外面的時間越來越多，如何跟他探討交友的原則和一些該守的底線？

前言

孩子的學習直線下降，得知成績後的你，如何與孩子溝通？孩子怎麼學習都學不好，怎麼引導？是幫他報更多的補習班，告訴他必須學好，還是幫他探索自己的興趣，另闢方向？

孩子的每一個成長階段，都帶給父母不一樣的困擾，父母也希望能夠一直與孩子有很好的溝通。但良好的溝通，需要父母的努力，父母是孩子的第一任老師，首先，要做好孩子的榜樣，夫妻間要有良好的溝通；其次，要能理解孩子從嬰幼兒期到兒童期、到青春期的每個年齡階段的身心發展特點，能夠跟孩子建立移情，站在孩子的角度換位思考，用心傾聽他們的表達才能建立良好的溝通。

本書結合兒童青少年各個年齡階段的身心發展特點，從非語言的溝通，家庭中的溝通，生活中的溝通，學習中的溝通，同伴中的溝通，手機、網路的溝通，挫折中的溝通 7 個主題入手，分析各個成長階段溝通的特點，輔以大量生活案例，使讀者能夠更好地與兒童青少年進行溝通，從而建立良好的親子關係。

第一章
非語言的溝通：
陪伴式溝通

■ 第一章　非語言的溝通：陪伴式溝通 ■

第一節　哭泣：溝通從第一聲啼哭開始

■ 嬰幼兒期的哭泣 ■

「哇——」

一聲啼哭，孩子降生，這聲啼哭是孩子與世界溝通的開始——「我來啦！」也正是從這聲啼哭開始，父母開始了與孩子的溝通。

孩子降生，還未掌握言語表達的技能，父母擔心無法與孩子溝通，但其實，嬰兒雖然還沒有學習語言，但他們已經有了實現溝通的能力。新生兒不僅能夠聽見聲音，還能夠區分聲音的音高、音量和持續時間，能準確分辨出熟悉的照顧者，尤其是媽媽的聲音。1 個月大的嬰兒能看清 30 公分以內的東西，6 個月至 1 歲的嬰兒視力已經達到成人水準。

「嗚哇哇——」

過一會兒，同樣的循環，再來一次，在反覆嘗試中，我們終於知道：

哭泣時，伴隨著蹶嘴、摸臉，說明寶寶餓啦！

哭泣時，伴隨著翹腿、翻身，說明尿布讓寶寶不舒服了！

第一節　哭泣：溝通從第一聲啼哭開始

哭泣的同時伸出雙手,說明寶寶要抱抱!

……

孩子透過啼哭,表達他們的需求,當需求得以滿足時,哭泣終止,溝通得以實現。

【溝通心理解讀】

良好的親子關係是親子溝通的基礎和關鍵,而親子溝通也是建立和維繫親子關係的過程。嬰兒期的啼哭是嬰兒與父母溝通的主要形式,也是建立早期親子關係,即親子依戀的關鍵。依戀是嬰兒與照顧者之間積極的情感連結,也是嬰兒尋求並企圖保持與另一個人親密的身體連繫的一種傾向。這個人主要是媽媽,也可以是與嬰兒有著密切連繫的其他照顧者。

如果孩子的哭泣經常得不到及時的回饋,甚至被有意的擱置,那麼孩子早期的依附關係就很難建立。哭沒用,大聲哭沒用,長時間地哭也沒用,外界和自己的溝通是斷開的。這樣的孩子,很可能形成習得性無助,甚至會表現出「無欲無求」的狀態,與父母的溝通也就越來越少。

媽媽發現孩子哭累了,確實不哭了,雖然最初的幾次,一次比一次哭得久,也哭得更大聲,但堅持幾次不答理,孩子哭得就少了,不過,好像也不那麼活躍了,跟自己的互動

■ 第一章　非語言的溝通：陪伴式溝通 ■

也少了。下班回家，孩子看一眼自己，沒有任何表示，繼續著自己的活動，而自己出門，孩子也沒有任何反應。

這樣的孩子未形成依戀，屬於迴避型依戀，也稱「無依戀兒童」。

另一類孩子，平時就比較愛哭，也不太容易被安撫，父母與他們溝通的耐心容易被耗竭，孩子不停地哭泣，媽媽也很煩躁，溝通難以在平和的狀態下實現。

媽媽發現自己要出門之前，孩子就會很警惕，出門時強烈反抗；媽媽在身邊時，孩子又表現出發怒的表情，排斥與媽媽的接觸。這樣的孩子形成的是反抗型依戀。

迴避型依戀與反抗型依戀都是不安全依戀，這兩種類型的孩子容易形成無回應、不答理式的溝通，憤怒、埋怨式的溝通，他們很難與父母建立良好的親子關係，長大後也很難與他人建立良好的親密關係。

【父母該怎麼做】

新生兒出生的第一種行為表現就是哭，1個月內的新生兒，哭聲是未分化的，哭聲本身沒有太大的差別，但引起哭的原因有好幾種，需要父母在悉心照料中仔細觀察孩子哭聲伴隨的不同的需求，並根據孩子的作息解讀他們的哭聲，以回應他們的需求，實現溝通。

第一節　哭泣：溝通從第一聲啼哭開始

幼兒早期的哭泣與需求的滿足，是形成親子溝通連線的基礎。若孩子的每次哭泣都能得到及時回應，這樣的孩子更容易形成安全感，也更容易與照顧者建立安全的依附關係。這對孩子形成最初的信賴和性格的形成都有著重要影響。

若父母對幼兒的哭泣都能及時地、積極地回饋，幼兒與媽媽在一起時能處於比較平和的狀態，這樣親子之間就形成了健康的、積極的溝通狀態。幼兒建立安全的依戀後，更容易建立對自己、對他人的信賴，與父母、同伴的溝通更順暢，長大後也更容易與他人建立親密關係。

兒童期的哭泣

「哇哇哇……我就要，我就要……」

「好了，不哭了，我們到前面看看！」

「不行，我就要，嗚哇哇……」

「走不走！不要哭了！再哭打你！」

「嗚嗚嗚……我就要，嗚哇哇……」

在商場裡，我們經常能看到這樣的一幕，孩子賴在某個玩具前面，大聲哭嚷著要父母幫他買下這個玩具，父母拒絕他時，孩子立刻大聲哭泣，甚至躺在地上耍賴大哭。這時，站在旁邊的父母對於孩子的大哭大鬧措手不及，而孩子的哭

第一章　非語言的溝通：陪伴式溝通

鬧又引來了很多注視的目光，熱情的店員附和說：「孩子想要，你就買給他吧。」聽到這聲「鼓勵」，孩子哭鬧得越發強烈。

此刻的父母非常尷尬，也會有點憤怒：買？家裡已經有類似的玩具了，沒有必要再買；不買？這孩子哭鬧的樣子，不買很難止哭，周圍人會說父母不作為⋯⋯

在一番兩方拉扯後，要麼父母妥協，買下玩具，孩子停止哭泣，之後孩子哭鬧要東西的頻率也就會更高了；要麼有些父母在這情景中，怒火越發強烈，直接用打罵制止的方式將孩子強行拖走，甚至邊走邊打罵，孩子在打罵中被威嚇止哭，但這之後，孩子生氣、發怒的頻率也增加了，甚至出現了暴力行為。

【溝通心理解讀】

兒童從 2 歲開始，已經逐步掌握交流能力，對情景的觀察很敏感，知道察言觀色，感知到在人多的情景下父母的尷尬。知道在有人幫自己說話時，自己想要的東西容易得到，尤其是哭鬧後，兒童發現父母更容易滿足自己的需求，哭鬧是很好用的「要挾」工具，於是屢試不爽，哭鬧也逐漸更新。

當不能用完整的語句清楚地表達自己想說的內容以及對方聽不懂自己想要表達的意思時，兒童會著急哭泣；當自己

喜歡的東西被損壞時，兒童會傷心哭泣；還有一種要挾式哭泣，即為了滿足自己的需求，以哭泣、大聲哭鬧為要挾，而達到目的。

【父母該怎麼做】

與哭泣的兒童溝通，首要是能換位移情，理解他當前的狀態和哭泣的原因，之後是情緒的平復、平等的溝通。

在類似的情景裡，父母要做的首先是平復自己的情緒，能夠讓自己以平靜的狀態處理當前的情況。蹲下來，先勸孩子平靜下來，再進行轉移注意力的溝通：這個玩具和家裡的玩具有哪些相似點？家裡的玩具放在哪裡了？這類玩具是怎樣的玩法？回家後我們可以怎麼玩？這樣逐漸將孩子的注意力從當前的玩具轉移到家裡類似的玩具上，回憶玩具的特徵，期待著回家與父母一起玩耍，從而逐漸走出當前的情景。若哭鬧一直無法制止，先將孩子抱到安全的無人區域，待平靜後再進行溝通。當然，如果孩子表達了這個玩具有什麼新特徵、他喜歡的什麼特點，孩子與父母也在溝通他的需求點時，父母也可以適當地滿足他的需求。

父母與哭鬧的兒童溝通，最終要達到的目的，是讓孩子明白：哭鬧不是要挾的工具，和父母溝通，恰當地表達自己的訴求，父母才更有可能滿足自己。而父母，也有了更多與孩子溝通的話題。

第一章　非語言的溝通：陪伴式溝通

■ 青春期的哭泣 ■

「這次考試怎麼又考得這麼差，整天就知道玩遊戲、弄髮型，時間玩掉了，成績玩完了，你看看隔壁的小吳，每次考試都比你高幾十分，你也學學人家，你考不了第一名，至少考個前 10 名給我看看吧。」

「他也玩遊戲。」

「還頂嘴！我叫你頂嘴！」「啪」一個巴掌。

「人家玩遊戲怎麼還能考那麼好呢？你學習有沒有用腦袋啊！」

「我學了。」

「還頂嘴！叫你頂嘴！」「啪」一個巴掌。

「你說你，整天弄你的頭髮，考這麼差，還有心思打扮，手機、髮蠟全部沒收！」

「……」

「砰」孩子摔門進了房間。

【溝通心理解讀】

進入青春期的孩子，身體迅速成長，神經系統的興奮加強，開始出現第二性徵，情感容易受到環境的影響：衝動、易怒、不善自制，有很強的自尊心，注重形象，希望周圍的

第一節　哭泣：溝通從第一聲啼哭開始

人都將自己當作成人看待，但又會因為心理與生理發展的不平衡，產生緊張、焦慮、自卑的心理。與人溝通時，他們自認為已經成年、什麼都懂，喜歡標新立異、虛張聲勢、表現個性；言語表現出成人化的特徵，對父母迴避、叛逆，甚至牴觸，不輕易表達情緒，討厭父母威脅、命令、壓迫式的溝通方式。青春期的孩子非常在意自己的形象，幾乎不會在別人面前哭泣，在他們眼裡，哭泣是孩子才有的表現；不哭，是自認為成熟的表現，也是態度的表達。躲在被窩裡哭泣，在人前強裝鎮定，是青少年常見的情緒表達的方式。

【父母該怎麼做】

父母需要尊重和接納孩子即將成年的事實，將孩子當作大人看待，與他一起成長，放下自己「權威者」的身分坐下來，與孩子平等對話，少控制、少命令、少批評，多理解、多鼓勵、多陪伴，主動了解他當前的狀態，對他予以肯定和鼓勵，開啟溝通的大門，孩子才會與自己有更多的溝通。

青春期的孩子，若能主動跟父母傾訴、談心，父母應該更為欣喜，這說明孩子將你當成了理解他的朋友，你們的溝通是平等的、通暢的，孩子內心的大門，對父母也是敞開的！

第一章　非語言的溝通：陪伴式溝通

■ 溝通良方 ■

哭，是人類最基本的表情之一，是情緒的宣洩，是情感的表達，也是對需求的哭訴。孩子哭泣有很多原因，作為父母，要充分體察孩子的狀態，分析哭泣表達的需求，了解哭泣的原因，不是讓孩子立刻停止哭泣，而是建立有效的溝通連線。

嬰幼兒期的哭泣，以尋求生理需求的滿足、尋求關注為主，父母需盡可能地滿足需求，建立安全依戀；兒童期的哭泣，以要挾式哭鬧為主，父母需「蹲下來」，與孩子建立平等溝通，讓孩子主動表達需求並適當滿足，避免孩子將哭鬧當成滿足自己需求的要挾手段；青春期的哭泣，常常是偷偷哭泣，父母需多體察孩子的狀態，少干預、少控制、少命令、少批評，將他當作成人看待，與孩子一起「坐下來」，平等溝通，多理解、多鼓勵、多陪伴，與孩子一起成長！

第二節　笑容：從無意識到有意識

笑容,是人際溝通中出現頻率最高的表情,也是最常見的非語言表情之一。有豪放的「哈哈」大笑、斜瞄的「嘿嘿」笑、醜腆的「嘻嘻」笑,也有優雅的職業性微笑、發自內心的真笑、應付情景的假笑等。笑容,能拉近人際距離,打破尷尬的局面,促進溝通的進行。孩子在成長的過程中,能夠逐漸學會笑,從無意識的、無選擇的微笑,到能夠辨識對象、辨識情景,使用不同的笑容。父母在與孩子的相處中若能有較多的笑容,豐富的表情,孩子受到父母的影響也會有更多的笑容,也會在溝通中更好地運用笑容。

嬰幼兒期的微笑

嬰兒的笑,是從無意識的微笑到習得的、有選擇的微笑,是第一個學會的社會性行為。嬰兒透過笑,可以引起周圍的人對自己的積極關注,照顧者的微笑、撫摸、抱抱,都能強化嬰兒的微笑,而親子間微笑的溝通也有利於依附關係的加強。

「咯咯咯──」

第一章　非語言的溝通：陪伴式溝通

「看看，孩子朝我笑呢！呀！開心吧！笑一個哈！」

孩子的照顧者，尤其是父母，對於孩子出現笑容非常開心，也會嘗試用各種方式逗孩子笑：搖晃波浪鼓等玩具，觸控嬰兒的身體部位，用自己的笑容誘發嬰兒微笑，發出奇特的聲響，抱著嬰兒擺出奇怪的表情或動作逗嬰兒笑。

【溝通心理解讀】

5周內的嬰兒還沒有真實意義的微笑，僅是靠嘴做出樣子，面部還未形成微笑的系統表情，此時屬於自發的微笑，又稱內源性微笑。這類微笑在嬰兒沒有外部刺激的情況下發生，屬於自發性的或反射性的笑，一般在嬰兒睡著時出現得較多，照顧者撫摸嬰兒面頰、腹部，也可以引發嬰兒微笑，這種微笑還不是真正的具有社交意義的微笑。

1個月左右開始到五六個月大的嬰兒，開始從無選擇的社會性微笑向有選擇的社會性微笑發展，人臉和人的聲音相對更容易引發他們的微笑，開始時他們只對移動的臉出現短時間的微笑，之後會對不移動的臉發出永續性微笑，這是選擇性微笑出現的象徵。但這一階段的嬰兒對熟悉的照顧者和陌生人的微笑還沒有區別。

從五六個月起，嬰兒開始出現有選擇的社會性微笑。嬰兒會對熟悉的人發出無拘束的微笑，但會對陌生人產生警惕。

第二節　笑容：從無意識到有意識

【父母該怎麼做】

「逗弄式」微笑互動，是父母和孩子最早的互相愉悅溝通，父母喜歡這樣的逗笑過程，自己的動作、表情能引發孩子積極的回饋，不經意間就會多一些時間陪伴在孩子身邊。而嬰兒非常喜歡父母的陪伴，尤其是這種積極的互動陪伴，他們會選擇用微笑，甚至大笑吸引、挽留父母在自己身邊。

父母與嬰兒的微笑互動，對於嬰兒微笑表情的習得、對於性格的形成、對於親子關係，尤其是早期的依附關係的建立和鞏固，都有非常重要的作用。

兒童期的笑容

小志一直是「吃飯困難兒童」，每次吃飯時先磨蹭玩弄，飯含在嘴裡不吞下去，等到別人吃完了，他的碗裡還剩許多飯沒吃，一次、兩次、三次……孩子的爸爸每次看到小志這樣吃飯的狀態都很生氣，冷著臉訓斥，甚至有時直接拿起東西打罵、威嚇。小志每每都是在哭聲中將飯吃完。經過多次這樣的情況，爸爸每到吃飯就皺著眉頭，而小志每到吃飯時也都有點焦慮，總是擔心爸爸會揍自己，吃飯變成了一件很嚴肅的事情，小志和爸爸都形成了小志不會好好吃飯的觀念。

這樣的惡性循環，對父母和孩子來說，都不利於吃飯習慣的養成。吃飯原本是一件讓人愉悅的事情，而經過這樣的

第一章　非語言的溝通：陪伴式溝通

反覆強化，吃飯對孩子來說變成了讓自己痛苦的事情。因此，若能換種溝通方式，換種表情，適時地微笑、鼓勵，對孩子主動大口吃飯及時給予肯定，孩子反而會比打罵的情況下吃得更快，雙方的心情也都會更愉悅。

孩子上學以後，有了管教學習的壓力，父母對孩子的微笑越來越少。「不談學習，母慈子孝，一談學習，雞飛狗跳」，網路上也有各種報導，因輔導孩子，父母難以控制情緒，甚至氣得住院的。每每看到孩子下降的成績、孩子學習時的壞習慣，父母總是會立刻怒火中燒，對孩子發洩怒火。但當孩子表現較好時，卻又吝嗇自己的微笑、肯定和讚美，生怕孩子會得意忘形。其實很多時候及時的微笑認可，在表現不好時用孩子自己表現較好時的例子引導他，遠比發怒、訓斥、怒吼的效果要更好。

孩子看到下班後的媽媽很辛苦，端上一杯水遞過去，結果媽媽對孩子遞過來的關心並沒有認可和微笑，反而冷著臉訓斥道「你只要管好學習，其他都不用管」，這樣的溝通方式，阻止了孩子對自己的主動關愛，也將孩子和自己的溝通給阻斷了。孩子缺少對這種關愛他人的行為的微笑鼓勵，也會逐漸冷卻自己關愛他人的「熱心」，成長過程中逐漸喪失主動關愛他人、與人親密交往的技能，很難形成自信的狀態、建立友善的人際關係。

第二節　笑容：從無意識到有意識

【溝通心理解讀】

　　孩子到了兒童期，已經掌握了社會性微笑，會有選擇地微笑或哈哈大笑。對於熟人的出現，尤其是父母，孩子會不由自主地笑著跑過去，伸出雙手要抱；聽到父母的誇讚，也會非常開心，笑著重複父母對自己的表揚；對於他人表情的辨識，尤其是微笑的感知非常敏感，當看到父母或長者微笑著鼓勵自己時，會非常開心。上學之後，老師的誇讚、好玩的遊戲，都能激發孩子的笑容，孩子受到老師帶著微笑的鼓勵和肯定，也會表現得更積極。

【父母該怎麼做】

　　孩子渴望微笑，尤其渴望父母對他微笑，因為在孩子看來，父母的微笑就是肯定、認可、讚美、欣賞，是鼓勵他繼續做下去。經常受到父母微笑認可的孩子，做事會更加主動、積極，也容易形成樂觀、積極的心態。

　　孩子發音發不準、寫字寫不好時，微笑著鼓勵他一次次嘗試，孩子會逐漸掌握表達的技能；孩子遇見人不敢打招呼，微笑著鼓勵他、跟他介紹叔叔阿姨怎麼叫，一次次鼓勵後，孩子會自信、大方地與人打招呼；孩子不敢上學，微笑著鼓勵他進去，對他在幼兒園的表現予以微笑肯定，孩子會打消顧慮，開心上學。有時，微笑鼓勵的力量比大聲訓斥的力量要強得多。

第一章　非語言的溝通：陪伴式溝通

■ 青春期的笑容 ■

孩子進入青春期後，非常希望周圍的人都將自己當作成人看待，但他們對於成人也有自己獨特的定義，比如，冷酷、不苟言笑、不表露自己的心思。

【溝通心理解讀】

青春期的孩子，身體上出現了很大的變化。男生身高進入成長期，雄性激素分泌旺盛，開始長喉結、變聲、長鬍子，出現遺精；女生雌性激素分泌旺盛，胸部發育、體態豐盈、月經來潮。他們對自己身體的變化容易產生誤解，尤其當自己的成長與大家不同步時，同伴的嘲笑導致他們更容易自卑。

青春期的孩子開始對異性產生興趣，情竇初開，有種朦朧的傾慕，會故意與對方打鬧而引起對方注意；會在課堂上時不時地偷瞄對方；會在放學路上創造一起走的機會多看幾眼；會在課後以交流學習為藉口多聊幾句；會幫對方買零食……這些舉動，很可能會被細心的父母、老師發現，早戀的擔憂，會讓大家反應激動。父母、師長需平心靜氣地與其溝通，對孩子表露出的對對方的欣賞和讚美，並不反應激動、全盤否定，而是適當地予以微笑認可，孩子會認為你能理解他的讚美。孩子的情感狀態有進展時，也會主動找父母溝通、分享喜悅。

第二節　笑容：從無意識到有意識

【父母該怎麼做】

父母和老師此時需要做好對青春期孩子的引導，發現孩子的自卑狀態時，及時做好溝通，普及相關知識，打消相關疑慮，幫助他們找回自信。

父母要做的，一方面是傾聽，站在對方的角度思考，與孩子產生移情，對孩子分享的內容予以中肯的分析；另一方面是解惑，對於孩子可能好奇的方面，能夠從中立的角度予以解釋，以平等的身分共同面對青春期難題。

溝通良方

卡內基說：「笑容能照亮所有看到它的人，像穿過烏雲的太陽，帶給人們溫暖。」笑容能打破人與人之間的尷尬，架起溝通的橋梁；笑容能化解人與人之間的隔閡，搭起溝通的平臺；笑容能安撫不安的情緒，鼓勵對方增強信心。

父母與孩子的溝通，需要巧妙運用微笑的表情，經常給孩子積極的回饋、及時的鼓勵、及時的認可、及時的讚美。對於孩子的笑容，父母要及時報以笑容，讓孩子在積極的互動中成長，自信、樂觀地面對生活。

■ 第一章　非語言的溝通：陪伴式溝通 ■

第三節　對視：從「看」到看見

對視，即眼神交流，是溝通中常用的最基本的非語言溝通形式之一。眼睛，是心靈的窗戶，從對方的眼神中，我們能讀出很多訊息：開心、傷心、不滿、迴避、憤怒、恐懼等。在與孩子的溝通過程中，若我們能及時地掌握孩子眼神中流露出的訊息，便能及時地掌握孩子的心理狀態，有利於溝通的進行。

嬰幼兒期的對視

新生兒出生便能察覺到眼前的光亮，已經能用眼睛追隨刺激，能區分不同明度的光。在出生的前 2 個月，嬰兒對光的明度的敏感性發展很快，6 個月到 1 歲的嬰兒便能達到正常成人的視力水準，嬰兒對面孔表現出偏愛。但不同的嬰兒對眼神的辨識和使用存在一定的差異。

【溝通心理解讀】

嬰兒在最初的幾個月，雖然屈光度、視敏度有了發展，能有看的動作，但在最初的 3 個月內，嬰兒雖然表現出對面孔的偏愛，但並不能看清人臉，對於真實的人臉和圖片的人臉並不能有明顯的區分。

第三節　對視：從「看」到看見

嬰兒對於情緒的表達沒有任何掩飾，從他們的眼神、表情中就能解讀出情緒。嬰兒最初以基本的生理需求刺激而出現的哭和笑居多，看到父母或熟悉的照顧者時，瞳孔放大，嘴角翹起；餓、疼痛、害怕或需要關注時，雙目圓睜、大聲哭泣。成人的表情相對比較複雜，有了許多社交意義，嬰兒並不能辨識出父母複雜的表情。

1歲以後的幼兒，學會了觀察父母的表情，能從父母的眼神、表情中看出基本的情緒變化，父母笑了，他們知道父母是開心的，但卻很難分辨出不開心和專注的區別。經常出現這樣的情景：孩子在玩著自己的遊戲，你在思考問題，過了一會兒孩子跑過來，你還沉浸在自己思考的問題裡，並未注意到跑來的孩子，沒有眼神回饋。孩子會抱著你問：「媽媽，妳怎麼生氣了？」你可能會覺得很納悶，只是未關注到他，沒有與他眼神交流，孩子怎麼就會認為媽媽是生氣的。其實，對幼兒來說，眼神的交流是他們確認父母是否在關注自己、認可自己的關鍵，而父母生氣時會選擇轉過頭去，不理孩子，對孩子來說，若父母沒有與自己眼神交流，那麼可能就是生氣了。

【父母該怎麼做】

眼神交流是溝通的最重要的技能之一，從嬰兒開始，我們就在幫助孩子進行眼神訓練，比如，嬰兒最喜歡的「躲貓貓」遊戲。從最初的用被子、枕頭、毛毯等遮蓋住臉，再掀起來和

■ 第一章　非語言的溝通：陪伴式溝通 ■

孩子眼神交流，拿下的瞬間，孩子會表現出非常欣喜的表情。隨著嬰兒的長大，「躲貓貓」的範圍擴大，在家裡的角落，如窗簾後面、門後面，當孩子被發現的瞬間，與孩子眼神對視，父母向孩子傳遞愉悅的眼神、欣喜的情緒的這一過程能夠訓練孩子的眼神交流。尤其對於有自閉症的孩子，他們懼怕眼神交流，迴避對視，透過這類遊戲，可以幫助他們訓練。

■ 兒童期的對視

兒童與人溝通時，已經學會使用眼神交流，希望父母或照顧者與他們溝通時多看向他們，與他們有一些眼神上的互動與鼓勵。眼神的交流互動是溝通的基本保障，父母希望孩子與自己溝通時是專注的。同樣，孩子也希望父母與自己溝通時是專心的，能夠全身心地關注他們，及時與他們對視，給予他們眼神上的鼓勵和讚賞。

「看著我的眼睛，聽媽媽說……」這是親子溝通中經常出現的話語，父母認為孩子看著自己，才是他專注在聽的表現，而若孩子沒看自己，就說明沒在聽。有研究顯示，孩子在聽的過程中，有時出現的眼神迴避，或看向腳下、看向一邊，是表示在聽的同時也在思考聽的內容，而孩子一直看著你，他也並不一定所有的內容都聽進去了。持續的對視，並不意味著持續的專注。

第三節　對視：從「看」到看見

【溝通心理解讀】

　　透過孩子的眼神，我們能讀出孩子對當前溝通的態度。在上課時，我們會發現有的學生聽著聽著，眼神游移不定呈呆滯狀態，就可以判斷出，他的注意力已經不在課堂上；當你與孩子在溝通的過程中，說到某一點時，孩子突然抬起頭，眼神與你對視，眼睛睜大，帶著質疑的表情，說明他對你剛才所說的內容產生了疑問，需要進一步商討；在與孩子溝通時，如果他看你的次數越多，說明他對談話內容越感興趣；相反，如果整個談話他總是將目光移開，同時表現出不耐煩的狀態，說明他想快點結束當前的對話。

　　有些孩子生來就比較外向，從會表達開始，就會主動和身邊的人溝通，主動與人打招呼，忽閃著一雙大眼睛，主動向人分享自己的小祕密或小樂趣，拉著人跟他聊天；有些孩子從小就性格內向，喜歡躲在父母身後，在公共場合，幾乎不敢說話，偶爾說出幾句，也是低著頭，與人沒有任何眼神交流，聲音小得只能自己聽見。

【父母該怎麼做】

　　孩子性格的形成有先天的因素，媽媽們經常用來形容的「天使寶寶」、「惡魔寶寶」，其實也是天生的性格差異，有生來愛哭愛鬧的，有生來就比較安靜的，有稍微不舒服就哭個不停的，有整天都要父母抱著的，有自己可以待在床上玩半

第一章　非語言的溝通：陪伴式溝通

天、有需求時喊兩聲，滿足後又能自己玩的……這些性格的差異，與孩子以後與人溝通時表現出來的差異相關，但性格也是有後天塑造的成分。

父母可以透過眼神的鼓勵、讚賞，對孩子的表達進行鼓勵。當孩子當眾表達或與自己說話，偶爾抬起頭看向你時，立刻回應以點頭、微笑，看到你鼓勵、讚賞的眼神，孩子會立刻受到鼓舞。多幾次這樣的鼓勵，孩子表達時抬頭的次數也會增多。孩子表達結束時，父母可以撫摸著他的頭，看著他的眼睛，誇讚他剛才的幾次抬頭眼神交流，誇讚他的表達，孩子對於表達、溝通也會越來越有自信。

青春期的對視

青春期的孩子處於非常敏感的階段，他們對父母的言語會比較煩躁。孩子經常將自己鎖在房間裡，父母也想找機會多與孩子溝通幾句，但經常被孩子很不耐煩地打斷「知道了，知道了，怎麼那麼煩」，於是溝通終止……

【溝通心理解讀】

青春期的孩子，並不太在意父母說話的內容，相比於語言，他們更在乎父母表達時的態度是居高臨下的、壓迫的、控制的、訓斥的，還是溫和真誠的、親和理解的。父母表達時，自以為很好地控制了自己的情緒，但孩子也能從父母的

眼神裡讀出焦慮，讀出父母對孩子的不認可。青春期敏感的狀態，需要父母能夠更多運用眼神的力量，多關心、多鼓勵孩子。

【父母該怎麼做】

不再「口若懸河」，不要任性地使用我們的言語。過多的言語只會讓孩子覺得反感。父母在孩子青春期時需要學會少說，多利用非語言表情給予孩子陪伴。少說並不比多說容易。一方面，父母要從孩子平時的表現中觀察孩子的狀態，觀察不是偷窺，而是從孩子的言行舉止中關心他的狀態；另一方面，父母要將孩子當作成人，擺出平等的姿態，多用非語言的溝通，尤其是眼神的溝通。

父母給予鼓勵、支持的眼神會激發孩子繼續努力的鬥志；父母責備、警告的眼神會令孩子意識到自己的錯誤；父母關愛、疼惜的眼神會讓孩子感受到父母的愛。對於孩子獲得的成功，給予微笑鼓勵，眼神肯定；對於孩子遭受的挫折，給予拍肩、擁抱，鼓勵他繼續努力。

溝通良方

教育界有這樣一段話：「聰明的父母用眼神教育孩子，一般的父母用嘴巴教育孩子，差勁的父母用拳頭教育孩子。」

眼神溝通是父母教育孩子的一把利器。透過眼神，父母

■ 第一章　非語言的溝通：陪伴式溝通 ■

可以表達對孩子的關注、傾聽；透過眼神，父母可以表達對孩子的讚許、鼓勵；透過眼神，父母可以傳達對孩子的失望、不滿或是憤怒；透過孩子的眼神，父母可以讀出他的害羞、害怕，讀出他的開心、欣喜，可以讀出他的傷心、不滿，讀出他的質疑、恐懼……

對視，即眼神交流，為父母理解孩子提供了很多訊息，為父母能更好地體會孩子當下的情緒狀態、更好地傾聽孩子所表達的內容、與孩子有更進一步的溝通提供了保障。因此，父母多與孩子對視、多用眼神與孩子交流，能讓親子間的溝通更加順暢。

第四節　擁抱：依附關係的建立

美國威斯康辛大學的心理學家哈洛（Harry Harlow）設計了一系列實驗，他將幼猴與母猴隔離開，製造了兩隻假母猴代替真母猴──一隻是由金屬絲構成的圓筒，稱為「金屬母猴」，另一隻是在圓筒外面蓋上了一層柔軟毛巾的「布母猴」。這兩隻「母猴」都裝有可供幼猴吸吮的奶瓶，兩隻幼猴可以自由選擇接近哪隻「母猴」。

實驗顯示，不論布母猴是否提供食物，幼猴除了吃奶時間，大部分時間都會選擇與布母猴在一起度過。而當哈洛將大的發條玩具熊（怪物刺激）扔進籠內時，單由布母猴撫養的幼猴立即跳到布母猴的身上，緊緊地抓住它，之後會慢慢地去探索這個「怪物」；而僅由金屬母猴撫養的幼猴看到「怪物」時，並不會逃向「母猴」，而是猛地想把「怪物」推開，或將自己摔在地板上，或者靠著籠子摩擦身體。

這個實驗是研究擁抱與親子依戀的經典實驗，反映擁抱是親子依戀形成和鞏固的關鍵，它在孩子成長的各個年齡階段都有非常重要的作用。

第一章 非語言的溝通：陪伴式溝通

嬰幼兒期的擁抱

曾經有過這樣一則報導：1995年10月，美國麻薩諸塞州布麗爾（Brielle Jackson）和凱利（Kyrie Jackson）這對雙胞胎姐妹早產12周出生，每個人的體重只有2磅左右，她們出生後，立即被送到了新生兒加護病房，各自待在獨立的保溫箱裡。

在監護室住了3周之後，凱利的體重略微上升，狀態也比較穩定；但是布麗爾的情況卻每況愈下，她一直不停地嚎啕大哭，呼吸越來越微弱，心跳越來越快，血液中的氧氣含量急遽下降⋯⋯

護理師凱絲培莉（Gayle Kasparian）心急如焚，她抱著小布麗爾，用毯子把她包起來，讓爸爸抱她，幫她吸鼻腔⋯⋯但是，不管怎樣，孩子還是大哭不止。

就在大家束手無策時，她突然想到了一個之前聽說的、但卻不符合醫院規定的方法——把雙胞胎放在同一個保溫箱裡。

兩個幼小的生命來到世間經歷分離後再次相聚。

接下來，意想不到的事情發生了——一躺進去，凱利的身體向布麗爾依偎過去，將小手臂繞上她的身體，擁抱了布麗爾。幾乎就在那一刻，奇蹟發生了，布麗爾的心跳穩定下

第四節　擁抱：依附關係的建立

來，體溫也漸漸回到了正常水準，低得驚人的血液含氧量也開始回升！她安靜了下來，膚色漸漸紅潤，儼然獲得了新生。

幾周之後，兩個孩子健康出院，人們將這個擁抱稱為「救命的擁抱」。

兩姐妹的這個擁抱，讓醫學人士開始意識到，肌膚的接觸對新生兒有如此大的幫助。

【溝通心理解讀】

擁抱，是人與人之間零距離表達愛與關心的方式。嬰兒出生後，最先學會的就是擁抱。擁抱是讓他們獲得安全感、與父母近距離接觸的方式。

剛出生的嬰兒睡不踏實或大聲哭鬧時，醫生或護理師會讓嬰兒趴在媽媽的肚皮上，或貼著媽媽放，嬰兒會睡得很安心；很多嬰兒睡覺時還喜歡摸著媽媽的肚子，這也是在尋求跟媽媽的近距離接觸，尋求安全感。研究發現，早期的碰觸體驗會持續影響孩子大腦對溫度和觸碰的反應，能夠促進生理和認知的發展。

嬰兒不會言語溝通，最常見的動作便是伸出雙手「求抱抱」。擁抱，這一肢體接觸，是他們進行溝通的最初方式。透過擁抱，他們與照顧者近距離接觸，獲得安全感，建立依附關係。

第一章　非語言的溝通：陪伴式溝通

【父母該怎麼做】

　　嬰幼兒最需要的情感溝通方式，就是父母的擁抱。擁抱可以讓嬰幼兒感知父母的存在、感知父母的溫度、感知父母對自己的關愛。當孩子伸出雙手時，要立刻給予孩子一個回應的擁抱，平時也要主動多抱抱孩子。父母若能經常抱抱孩子，就有利於孩子形成較強的安全感、建立較好的依附關係，孩子也更勇於去探索周圍的世界，還利於親子間的溝通。

兒童期的擁抱

　　7 歲的小男孩小南很喜歡絨毛玩具，家裡堆滿了小狗、小貓、小熊、小兔子、洋娃娃等絨毛玩具。無論做什麼事，他都要抱著絨毛玩具，吃飯抱著，睡覺抱著，出去玩耍要抱一隻絨毛玩具，甚至上學也要抱一隻絨毛玩具。

　　小南的父母很不理解他的行為，按道理，一般都是女孩喜歡絨毛玩具，作為一個小男孩，為什麼小南會這麼偏愛抱著絨毛玩具？甚至拿走時，還會哭鬧不停。

　　小南的父母諮商兒童專家時被問道：「你們平時擁抱孩子嗎？」父母這才知道癥結所在。

　　小麗的家裡最近新添了一個小寶寶，爸爸媽媽整天都圍著弟弟轉，出去玩時，媽媽抱著弟弟，小麗自己只能牽著媽

第四節　擁抱：依附關係的建立

媽的衣角；小麗想請媽媽幫自己打開牛奶盒，可是弟弟正在哭，她只好自己想辦法開啟，手好疼；小麗不小心摔了一跤，以前媽媽總會立刻跑過來，幫她摸一摸，抱一抱她，可這會兒，媽媽還在遠處推著弟弟；回家時，小麗對媽媽說：「媽媽，妳可以抱我一下下嗎？」

只要「一下下」，這也是很多孩子的心聲，「一下下」的擁抱，可以嗎？

【溝通心理解讀】

孩子在兒童期與父母的親密接觸，尤其是擁抱，影響到孩子在整個兒童期的社會關係與身體各個系統的健康，這樣的影響還會延續到成年。研究發現，人都有一定程度的「皮膚飢餓感」，需要透過擁抱等形式得以滿足。研究指出，在很多情況下，人對觸覺的需求比對言語或情感的需求更強烈，觸控有利於兒童的身心健康。

「愛我你就抱抱我」，擁抱能夠滿足觸碰的需求，是直接的表達愛的方式，是父母與孩子之間建立情感連結的方式。透過擁抱，孩子能體會到父母的愛、感受到父母對自己的認可，缺少擁抱的孩子，相對會少一些安全感，他們會透過擁抱布娃娃的方式來彌補，但內心對關愛的感受卻無法彌補。

第一章　非語言的溝通：陪伴式溝通

【父母該怎麼做】

在父母與孩子的眾多接觸中，以抱著孩子和摟著孩子肩膀的方式最能使孩子產生強烈的幸福感和安全感。父母經常擁抱孩子，也是在告訴孩子，不管發生什麼，父母對你的愛不變。

父母要做的，就是伸出臂膀，每天都給孩子一個擁抱，孩子的狀態會更積極，跟父母的關係也會更親密。

青春期的擁抱

美國一項研究將學生分成兩組。第一組學生被要求4周內每天至少給予或是獲得5個擁抱。他們要盡可能多地擁抱別人，並且記錄下所有的細節。而第二組，作為控制組，被要求4周內記錄下他們每天閱讀的時間。4周之後，擁抱組每個人平均擁抱了49次，並且普遍報告自己變得更加快樂了。而閱讀組並沒有什麼變化。

【溝通心理解讀】

擁抱時，人腦會分泌讓人愉悅的多巴胺，以及舒緩焦慮的血清素，它們能緩解壓力、不安、焦慮，改善記憶力，還可以增強愉悅感和免疫力。常被擁抱、較多感受社會支持的人較少患嚴重病症。研究認為，肢體接觸能減少體內分泌刺

第四節 擁抱：依附關係的建立

激壓力反應的激素，有效降低對心腦血管系統的衝擊及免疫系統的過度反應。

從父母的擁抱中，孩子能感受到父母傳遞的力量，在身心放鬆的同時，感受到父母帶給自己的力量，就像在說：「孩子，你一定能行的！」尤其當孩子遇到壓力時，這股力量可以促使孩子將壓力釋放，他們的狀態也會得以改善。

【父母該怎麼做】

青春期的孩子，面對學習的壓力、交友的壓力、考試的壓力，父母也沒有太多的機會與孩子促膝長談、連繫感情，擁抱是跟孩子表達愛、幫助孩子緩解壓力的重要形式。

當孩子遇到開心的事時，給他一個擁抱；當孩子沒考好時，給他一個擁抱；當孩子交到一個志同道合的朋友時，給他一個擁抱……找一切擁抱的藉口，給孩子擁抱，讓他感受到關愛、支持。

溝通良方

心理學家薩提亞（Virginia Satir）說：「我們一天需要4個擁抱才能存活，需要8個擁抱才能維持活力，需要12個擁抱才能成長。」作為父母，在孩子成長的每一個階段，每天都給孩子一個大大的擁抱吧！

第五節　蹬腿：
情緒的宣洩還是身體的發育

人類腿部主要有兩個功能：搜尋和逃跑，一是向前走搜尋食物；一是遇到危險時的逃跑，所以，人的雙腿和腳能反映一個人的內心動向。而腿部又是身體上遠離視線的部位，在溝通過程中，人們並不能時刻控制、偽裝好自己的腿部狀態。所以，透過觀察對方的腿部動作，就能判斷出對方是否願意繼續交談，也能判斷出對方的態度。

兒童期的腿部語言

兒童期的孩子已經掌握了基本的溝通能力，但有時他們也仍然會採用蹬腿的方式表達自己的情緒，與嬰幼兒期不同的是，現在的蹬腿，表現為哭鬧時坐在地上蹬腿，或者開心時的歡呼雀躍、蹦蹦跳跳。

小敏約著她的朋友小蘭一起到公園玩耍，看到小蘭穿著一身漂亮的公主裙，裙子上還鑲有五顏六色的彩珠，蹦蹦跳跳地跑過來。小敏很羨慕，時不時地摸一下小蘭的裙子，摸摸彩珠，結果她玩泥土的髒手把小蘭的裙子弄髒了，玩弄彩珠時還不小心弄掉了一個，小蘭大哭不止，坐在地上直蹬

第五節　蹬腿：情緒的宣洩還是身體的發育

腿，小敏在旁邊低著頭，手指繞著衣角，兩個腳尖向內對搓著。

聽見哭聲，兩位媽媽跑過來，聽到小蘭大哭著說小敏弄壞、弄髒了她的裙子，小敏的媽媽立刻大聲訓斥她怎麼把別人的裙子弄壞了，小敏隨之也大聲哭起來，在訓斥聲中，小敏逐漸將雙腳的腳尖朝向了公園的門口，之後直接跑回了家。

【溝通心理解讀】

兒童的社會化能力還沒有完善，他們也不太會刻意控制自己的言行，雖然在學校，老師已經教了一些行為習慣，但孩子與父母在一起，尤其是跟爺爺奶奶在一起時，很少會遵守規矩，也更傾向於根據自己的想法行動，相對較為任性。比如，坐地上或者躺地上哭鬧，並伴隨著蹬腿，這是他們經常採用的哭鬧方式，透過這樣的哭鬧方式宣洩傷心、憤怒的情緒，要挾父母滿足自己的需求。

有些害羞的孩子，平時與人溝通較少，交流時聲音也很小，從他們的肢體動作可以看出他們的緊張，如無處安放的小手；從他們的腿部動作可以看出他們的焦慮，如向內對搓的小腳；從他們的腳尖方向可以看出他們對當前溝通對象的態度，若腳尖朝向門口，說明他很想結束當前的內容，想從這個情景中逃離出來。

第一章　非語言的溝通：陪伴式溝通

【父母該怎麼做】

孩子內向還是外向，任性還是聽話，需要父母平時多觀察，耐心地教育引導。對於內向、害羞的孩子，要多觀察他的肢體語言所反映的心理狀態，經常給他鼓勵的眼神和擁抱，幫助他緩解緊張、建立自信，對於任性的孩子，有助於逐漸幫助他建立規則意識。

父母需要多花些耐心，與孩子用心溝通、平等溝通，引導他們認知如何恰當地宣洩自己的情緒，知道公共場合的大哭大鬧是不可取的。但父母自身也不能採用在公共場合用肢體懲罰的方式，如打嘴巴、打屁股等，這對孩子來說，一方面會傷及他們的自尊，造成孩子的心理創傷；另一方面是給孩子提供了行為學習的榜樣，孩子也會效仿父母的行為，在憤怒時採用打人的方式或打罵結合的方式，這並不利於孩子形成較好的行為習慣，甚至影響孩子的健康成長。

青春期的腿部語言

青春期的孩子與父母的言語交流較少，但父母可以從孩子的肢體語言中解讀出孩子當前的狀態和孩子對自己的態度。

國二某學期的一個週末，小谷帶著他的同學到家裡一起寫作業，房間裡時不時傳出兩人的笑聲，小谷媽媽很好奇兩

第五節　蹬腿：情緒的宣洩還是身體的發育

人在房間裡是不是在討論作業,便端著水果盤走進房間,想湊過去看看他們在討論什麼,結果小谷一直背對著自己,頭也不回地說了一句:「水果放著,我們等會兒吃,妳出去吧。」

晚上,同學回家後,小谷媽媽到房間跟小谷討論白天小谷的行為,說他當著同學的面不尊重自己,又拿出他寫的作業,發現了錯的題目,訓斥他沒有認真學習,小谷一開始還面向媽媽,聽了一會兒,便不耐煩地扭過頭去,身體晃動、雙腿抖動……

【溝通心理解讀】

青春期的孩子會將心思藏在心裡,不與父母分享,但細心的父母可以透過多觀察孩子的肢體語言,了解孩子當前的心理狀態。觀察他們是抬著頭走路,還是低著頭走路,是大聲地表達,還是低聲地說話,是自信的還是缺乏自信的。

孩子的肢體語言也反映了他的心理狀態或態度,若孩子正在做其他事,或與其他人溝通時,父母想與他溝通,但他背對著自己,說明他這時是拒絕的態度,並不想此時溝通;與他溝通時孩子的雙腳抖動或整個身體都在晃動,伴隨著眼神四處張望,說明他這時的內心較為煩躁,甚至厭倦,想要離開當前的情景;若與他溝通時,他兩腿又開,說明他對你是持開放和接納的態度的,並且願意和你繼續交流;若他腿

第一章　非語言的溝通：陪伴式溝通

部向後，腳尖著地，說明他這時已經缺乏耐心；當他腿部變成交叉狀態時，有可能已經產生了心理防禦的狀態或是受到了不舒服的情緒影響。

【父母該怎麼做】

孩子的肢體語言透露著他的心理狀態，也表露出他對當前溝通的態度，父母需細心地從孩子的肢體語言中做出解讀，及時控制溝通的進行。若孩子的肢體語言已經明顯表現出不耐煩，要盡快結束當前的談話，多說已無益，甚至還會引起孩子更多厭煩和不滿。

父母也可以透過擺出開放的肢體動作，展現對孩子的接納狀態，在溝通時擺出跟孩子類似的動作，讓孩子感受到親近感，促進溝通的進行。

嬰幼兒期的腿部語言

有些父母看到孩子蹬腿時，尤其是看起來強而有力的蹬腿，他們覺得這是孩子有力氣的表現，認為這是孩子正在旺盛地生長，在長個子。

有些老人帶孩子，喜歡用包巾、包被、抱毯等裡三層外三層地將孩子裹得嚴實，甚至腿部也穿著襪子，怕孩子冷，同時還幫助孩子矯正O型腿，認為這樣對孩子比較好。每次

第五節　蹬腿：情緒的宣洩還是身體的發育

換尿布或洗澡，將一層層包被脫下來時，孩子都會快速蹬雙腿。抱毯會讓孩子有擁抱的感覺，會有一定的安全感，但襪子束縛了孩子的自由活動，過多的包裹不利於孩子的體溫調節，影響孩子的發展，孩子也會蹬腿表示抗議。

【溝通心理解讀】

嬰幼兒期的蹬腿，一方面是腿部發育的過程，嬰兒透過蹬腿的動作將他們在胎兒期彎曲的雙腿練習伸直，同時促進臀部、膝蓋、踝部以及平衡力的發育，為嬰兒學坐、學站、學走奠定基礎。

另一方面，蹬腿也是嬰兒的身體語言之一，嬰兒未掌握語言表達能力，透過蹬腿來表達。有時孩子因為開心而蹬腿，比如，孩子看到媽媽的臉，尤其是媽媽還在陪玩逗笑時，十分開心，會快速蹬雙腿；有時孩子躺在床上蹬腿、伴隨著哭泣，這時孩子的狀態有點煩躁，可能不舒服了，或者想尋求關注了，需要父母或照顧者及時關注，解決他們的需求，給予安撫。

【父母該怎麼做】

嬰兒需要蹬腿來促進雙腿及踝部發育，所以，需要給足蹬腿的空間，不要給孩子雙腿太多的束縛。另外，嬰兒的蹬腿也是情緒的表達，但一般也會伴隨著面部表情或手部動

第一章　非語言的溝通：陪伴式溝通

作，對於孩子蹬腿動作所表達的情緒，需要結合情景加以判斷。如果孩子的蹬腿伴隨著笑，那麼這是開心的表現，繼續當前的活動，他會更開心；如果孩子的蹬腿伴隨著哭喊，那麼這就是煩躁的表現，需要判斷孩子這會兒的需求，給予擁抱，緩解他煩躁的狀態。

溝通良方

蹬腿動作，是嬰幼兒較早出現的腿部動作，是成長發育的必要，也是開心或煩躁情緒的表達，父母需要根據情景做出判斷，讓嬰幼兒開心的狀態更持久，讓煩躁的狀態盡快消除；兒童期的孩子會用哭鬧蹬腿的方式宣洩傷心、不滿、憤怒，父母需要先平靜自己的情緒，用理智的溝通，引導孩子用更合適的方式宣洩情緒、表達需求；青春期的孩子，需要父母更細心地與之溝通，觀察他們的肢體語言透露出來的態度，如腿部朝後、腳尖著地是不想再聽；腿部抖動伴隨著身體晃動是煩躁、心神不寧；腳尖朝門是想離開。根據孩子肢體語言透露出來的態度，及時轉換溝通主題或終止溝通內容。

第六節　副語言：從聲音聽人心

聲音是非語言溝通的一種形式，包括聲音的音高、音量、音色、重音、語速等，這些也稱作「副語言」。副語言的運用，可以讓同樣一句話，表達出不同的含義，幫助我們理解對方在這一情景下的狀態、心理特徵，理解對方真正想要表達的內容。

嬰幼兒期的副語言

嬰兒未形成語言能力時，主要透過哭聲與父母或照顧者溝通，他們的哭聲也有一些副語言的差異：有時會發出的哭聲似哭非哭，有時發出音調並不高的聲音，也可能會越哭越厲害，聲音越來越大；有時會發出比較刺耳、音調非常高、間斷性的哭聲，同時四肢展開，握起小拳頭；有時會發出一種比較輕，語調比較平緩的哭聲，一般沒有眼淚，也許還會皺著眉頭，身體扭得晃來晃去。

【溝通心理解讀】

嬰兒在1個月後，哭聲出現了分化，不同原因引起的哭叫在口舌部位、音高記憶聲音的斷續上有了分化。像是音調

第一章　非語言的溝通：陪伴式溝通

並不高的聲音；哭聲比較刺耳、音調非常高的聲音等等。

嬰兒5個月左右進入牙牙學語階段，出現類似於成人語言中的音節重複，到9個月起，嬰兒牙牙學語的出現頻率達到高峰，不僅能重複不同音節的發音，還能發出同一音節的不同音調。研究發現，嬰兒對語言的刺激非常敏感，不到10天的新生兒就能區別語音和其他聲音，並對之做出不同反應，尤其表現出對媽媽語音的偏愛。嬰兒對父母突然升高的語氣會表現出害怕。

【父母該怎麼做】

嬰兒哭聲的音調、音高、音量的差異，伴隨他的動作，可以作為父母或者照顧者判斷他哭泣原因的差異，是生理需求，需要把屎把尿，還是尋求關注、要抱抱，還是受到了驚嚇，還是身體不舒服。父母給予孩子及時的關注、擁抱、安撫，有利於孩子建立積極的依附關係。

兒童期的副語言

小明正在很投入地玩遊戲時，媽媽來催促他趕緊吃飯了，他這般回答道：「來——了」，「來」的音會拖得很長，意猶未盡而又有點無奈、厭煩；當他正在寫作業，正好也不太想寫時，媽媽催促他吃飯，他會非常乾脆地回答：「來了！」兩個一樣的詞，因情緒的不一樣，語氣、語調呈現出

明顯的差異。

4歲半的冰冰，性格有點內向，平時說話聲音比較小、很少與人主動打招呼，媽媽每次都在遇到人時，大聲提醒：「冰冰，快跟阿姨打個招呼啊！」冰冰每次聽到媽媽的高聲催促，反而更加不知所措。有一次，家裡要來客人，媽媽改變策略，提前跟她講了個有禮貌的小朋友的故事，引導她如何與人打招呼，在很遠處看到阿姨時，湊在她耳朵說：「冰冰，我們要做有禮貌的小朋友。」阿姨進門時，她大聲地打了個招呼「阿姨好」，周圍人一起表揚她有禮貌，冰冰更有信心了。

【溝通心理解讀】

兒童的情緒狀態可以從他的語氣、語調、語速中判斷出來，開心時語音較高、說話也乾脆，傷心時語速較慢、聲音較低沉，害怕、不自信時，聲音很小。若在與孩子的溝通過程中，發現他語調突然升高，說明他此時有些心虛，是借提高聲調掩飾內心的慌亂。

兒童有時會做出一些奇怪的事情，比如，在自己打遊戲的過程中經常會發出奇怪的聲音，如大聲喊叫，模擬一些聲音。有時孩子發出這些聲音也是為了尋求關注，希望能得到父母的肯定，一個眼神的肯定和讚許，或語言的讚美，或父母在身邊的不干預式陪伴，就已經足夠。

第一章　非語言的溝通：陪伴式溝通

【父母該怎麼做】

父母可以運用心理學中的低聲效應，即低聲的談話方式，比高聲的談話方式更能達到說服別人的效果。面對無理取鬧的兒童，父母要學會控制好自己的情緒，與孩子平和地溝通，大吼大叫、怒斥孩子，只會讓憤怒的情緒不斷轉移，孩子的哭鬧現象不僅不會緩解，哭鬧的聲音反而越來越高，達不到溝通的效果。

當父母與孩子因為某些事情溝通，發現他比平時反應慢、說話吞吞吐吐時，可以判斷他應該是有所隱瞞或做錯了什麼。

青春期的副語言

小美放學回家，放下書包，媽媽問：「今天成績出來了吧？考得怎麼樣？」小美低著頭一聲嘆息「哎——」，媽媽發覺小美的情緒不太高，也就沒有繼續追問。晚上吃飯時，不知情的爸爸問小美：「小美，這次考得怎麼樣？」結果小美卻突然把筷子一放，大聲吼道：「一直問，一直問，你們煩不煩啊！」

【溝通心理解讀】

青春期的孩子處於敏感期，在人際交往、學習等多方面都會感受到壓力。孩子放學回家後，容易將學校的情緒、壓力帶回家裡，若父母此時還在他面前嘮叨，或做了讓他厭煩的事，孩子說話的語音、語調都會突然升高，甚至變成對父

母的怒吼。如果孩子經常熬夜學習，睡眠不足、精力跟不上，會出現有氣無力、心煩氣躁的狀態，加上體內激素的影響，有時會難以控制自己的情緒，大吼大叫。

孩子有時會嘆息，感到壓抑、失望或無奈時，會透過嘆氣的方式釋放壓力，多數時候，情緒狀態也不好；但有時，當他完成了當天的任務，或解出一道難題時，也會長舒一口氣，有種如釋重負的感覺。

【父母該怎麼做】

孩子在青春期容易嫌父母嘮叨，與父母的溝通會變少，溝通時語氣中也經常透露著不耐煩，甚至對父母大吼大叫，父母首先需要從孩子的語氣、語音、語調中判斷孩子當前的狀態，判斷孩子是疲乏、壓抑、失落的還是開心、興奮的。

當孩子的狀態較為低落時，多以陪伴、眼神的鼓勵、擁抱等形式，表達支持、鼓勵和關愛；而當孩子的狀態較為興奮，語調中還透露著欣喜時，可以用朋友的口吻，多溝通幾句，透過言語的鼓勵、驕傲的語氣、上升的音調，讓他感受到父母的鼓勵和關愛。

溝通良方

溝通中的副語言：語音、語調、語速、語氣等，傳遞著表達者的狀態、情緒，父母需要從孩子的副語言中，解讀孩

第一章　非語言的溝通：陪伴式溝通

子的狀態、了解孩子的需求、感知孩子的壓力，給予孩子積極的關注、鼓勵、支持，同時父母需要控制好自己的副語言，調節好情緒再溝通，給予孩子積極、正面的引導。

第七節　傾聽：無條件積極關心

傾聽是最普遍也是最容易被忽視的一種溝通形式。「兩個耳朵，一張嘴」的身體構造，也是提醒我們在溝通中更多的傾聽，而不是一味地表達。傾聽包含了 5 個元素：聽到、專注、理解、回應和記憶。傾聽需要一個人全身心地、無條件地積極關心，從而感知對方在溝通過程中表達出的言語和非語言訊息，給予理解、移情、及時的回應，並能夠記得溝通的內容。

嬰幼兒期的傾聽

透過傾聽父母和其他人的說話，嬰兒很快會發現語言的重要性。1 個月時，他就可以聽出媽媽的聲音，即使你在隔壁房間說話，他也會感到安心、舒服、愉悅。當他用笑容和嘰嘰咕咕的聲音回應時，看到你臉上綻放的笑容，他會意識到溝通是一個雙向交流的過程。

到 4 個月時，嬰兒可以從你說話的方式中了解你的心情和性格。如果你用快樂或溫柔的方式跟他說話，他可能對你笑或發出一些咿咿呀呀的聲音，如果你對他發脾氣或咆哮，他會感到驚慌，甚至撇嘴大哭起來。

第一章　非語言的溝通：陪伴式溝通

【溝通心理解讀】

孩子在嬰幼兒期時，尚未掌握言語溝通的技巧，但已經會透過哭來表達需求，透過笑給予照顧者回饋，透過蹬腿表達開心或煩躁的情緒，透過求抱抱的動作表達想要照顧者的擁抱關愛。這些非語言的訊息，都是孩子的溝通語言，父母或照顧者若能解讀出孩子的非語言訊息表達的內容，也是積極的傾聽、溝通的過程。

與嬰兒的言語交流的互動看起來只是一個遊戲，但這種早期的交流對嬰兒的社交和情感發育具有非常重要的作用。熱情迅速地對他的笑容做出反應，經常讓他參與這些「對話」，會讓他感受到：他在父母的心裡很重要，他可以信任父母，可以在一定程度上控制自己的生活。

【父母該怎麼做】

與嬰兒的溝通過程中，父母的傾聽是無條件的積極關注。將注意力完全放到對方身上，傾聽嬰兒的非語言訊息，從他的哭、他的笑、他的蹬腿、求抱抱等非語言訊息中解讀嬰兒的需求，給予關愛、積極的回饋，這樣的回饋過程是積極的傾聽，也是愛的表達。

父母在嬰兒「說話」時，仔細分辨他的暗示，不要打斷，不要移開視線，對他的關注和尊重，有利於嬰兒自尊心的建立。對嬰兒的表達，父母需要給予持續的關注、語言的回

饋，讓他感受到發音帶來的關注，有利於嬰兒語言的習得和溝通能力的掌握。

兒童期的傾聽

美國某主持人曾經採訪過一個孩子，問他：「你長大後想當什麼啊？」孩子說：「嗯……我想當一名飛機的駕駛員。」主持人接著問：「如果有一天，你的飛機飛到太平洋上空時，所有的引擎都熄滅了，你會怎麼辦呢？」

孩子想了想，大聲地說：「我會告訴飛機上的乘客繫好安全帶，然後，我背上降落傘跳出去……」

還沒等孩子說完，現場觀眾都已經笑得東倒西歪，面對大人們的鬨笑，孩子的眼淚奪眶而出，一臉茫然和無辜。主持人鼓勵孩子繼續說下去。

孩子堅定地說：「我要回去拿燃料！然後回來救他們！」

父母與孩子溝通時，經常忽視傾聽的過程，自以為是地打斷孩子的表達，從而經常發生誤會，孩子也覺得父母不理解自己。

【溝通心理解讀】

父母在傾聽孩子的過程中，經常出現上述案例中的情況，因為思維的差異，父母會武斷地做出判斷，並打斷孩子

第一章　非語言的溝通：陪伴式溝通

的表達，常常讓孩子感受到不被理解的冤屈。在溝通中，父母經常是帶著情緒的，以質疑、批評、說教為主，不能很好地傾聽孩子，難以理解孩子當前的狀態。父母的積極關注、認真的傾聽能讓孩子感受到被關注，這有利於親子溝通和信任關係的建立。

兒童雖然已經掌握了基本的語言溝通能力，但兒童的傾聽與他們的注意力維持時間、記憶力有很大的相關。因為不能長時間地維持注意力，或記憶力的有限，出現「左耳進、右耳出」的現象，而被質疑不用心聽是不可取的。孩子的傾聽能力，也需要父母的理解、引導、示範和訓練。

【父母該怎麼做】

在溝通時，父母蹲下來或一起坐下來，和孩子在同一高度、面對面，以平等的狀態溝通，更能達到傾聽的效果。若父母的情緒比較激動，在與孩子溝通前，先做幾個深呼吸、調整好自己的狀態，能確保做好一個平和的傾聽者、溝通者時再與孩子溝通。孩子的情緒比較激動時，及時給予擁抱和安撫，感受孩子的情緒，及時穩定好孩子的情緒後，再進行溝通。

在溝通中，目光柔和專注地看著孩子，並適時地給出回應，如用點頭和「嗯」，來表示正在專心傾聽的狀態及在耐心聽孩子把話說完。無論孩子說得多幼稚，都不用嘲笑的口

第七節　傾聽：無條件積極關心

吻打斷孩子的表達。父母要站在孩子的角度，理解他表達的內容和狀態，與他建立移情，給予積極的回饋，鼓勵孩子表達。

青春期的傾聽

雯雯自從上了國中後，與父母的話越來越少。有一次，雯雯對媽媽說：「媽媽，同學們學習都好認真啊！」媽媽點頭說：「是的，壓力有點大吧。」雯雯抬起頭看著媽媽的眼睛，點了點頭，感受到媽媽對自己的理解。同樣的一句話，爸爸立刻開始說教：「現在是學習的關鍵期，大家都很拚，妳也不能鬆懈！」雯雯沒有任何回應。

週末雯雯作業寫完，媽媽說：「雯雯，平時學習已經很累了，今天休息休息，下午陪媽媽打一下羽毛球吧。」雯雯開心地答應了，在和媽媽運動的間隙，雯雯講述了很多自己在學校的經歷，媽媽耐心地傾聽，及時地回饋，都能讓她感覺到媽媽十分理解自己，平時與媽媽的溝通也越來越多了。

【溝通心理解讀】

雯雯媽媽的傾聽，是無條件積極關注的傾聽，帶著移情的傾聽。理解孩子的語言，同時能體會孩子言語中傳達的狀態，更容易走進孩子的內心。

第一章　非語言的溝通：陪伴式溝通

　　青春期的孩子追求個體的獨立，需要自我空間，但又因為他們是不成熟的個體，需要父母的陪伴和傾聽，需要父母的關愛、理解和尊重。若父母能抽出時間給予孩子積極的關注和傾聽，即便只是一言不發，只要是用心地在傾聽，孩子都能感受到尊重和信任。若父母在傾聽時心不在焉，沒有深刻的理解，急切地表現得很敷衍，只會讓孩子失望、失落，不想再與他們繼續溝通。

【父母該怎麼做】

　　父母可以營造一些與孩子輕鬆的獨處時間，如一起跑步、爬山、打球。在輕鬆的氛圍中，與孩子平等地溝通，談論孩子感興趣的話題，尊重孩子的想法，給予積極的關注和回饋，從而拉近親子距離。

　　在傾聽孩子表達時保持無條件積極關注，多給孩子一些尊重和信任，把孩子當作成人，平等地溝通，盡量不要擺出權威者的姿態，急切地想著給出建議；充分體察孩子在溝通時的狀態和感覺，關懷、理解、接受孩子，鼓勵並引導他自己找出解決問題的途徑。

溝通良方

　　傾聽是溝通的一門藝術，不只是用耳朵聽，正如漢字「聽」所表達的，傾聽是帶動我們的眼睛、耳朵，帶著我們的

第七節　傾聽：無條件積極關心

心,一心一意地用心聆聽。要認真傾聽對方的非語言訊息和言語訊息所表達的內容,充分理解、建立移情。

　　與孩子的溝通,父母的傾聽尤為重要。傾聽中,要放下自己「權威者」、「說教者」的身分,調節好自己的情緒,做一個無條件積極關注的「傾聽者」。對於嬰幼兒期的孩子,父母更多地關注孩子的非語言訊息,積極關注和回饋,及時滿足孩子的需求,便是傾聽;對於兒童期的孩子,父母積極關注,完整的傾聽,及時地給予點頭和言語的認可回饋,鼓勵孩子表達,理解孩子的情緒,便是有效的傾聽,更好的溝通;對於青春期的孩子,父母認同他的獨立人格,給予支持,多聽少說,理解他的狀態,建立移情,對於孩子的困惑,父母根據他的狀態,在理解的基礎上,給予朋友式的引導,便是有效的傾聽。

第一章　非語言的溝通：陪伴式溝通

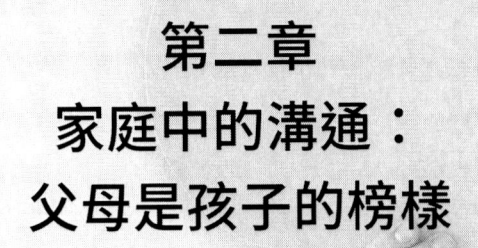

第二章
家庭中的溝通：
父母是孩子的榜樣

■ 第二章　家庭中的溝通：父母是孩子的榜樣 ■

第一節　忽視：先為夫妻而後為父母

夫妻關係是家庭中的第一關係，而很多家庭有了孩子之後，母子關係、父子關係成了第一、第二的關係，甚至婆媳關係都排在了父子關係之前的位置，夫妻關係被排在了最後，夫妻之間的溝通逐漸變得最少。

■ 嬰幼兒期的忽視 ■

自從家裡的孩子出生，孩子就成了家庭的中心，尤其是新手夫妻，疲於如何照顧孩子——產假中的媽媽一天 24 小時陪伴著孩子，而沒有產假的爸爸正常工作上班，有時甚至還加班晚回家。很多家庭此時會請幫手，一般情況下奶奶或外婆成了協同照顧者。

【溝通心理解讀】

孩子的降生，家裡幾乎所有的焦點都在孩子身上。而剛生完孩子的媽媽，一方面承受著生育孩子帶來的身體的痛苦；另一方面有著初為人母的焦慮，擔心是否能養育好孩子，尤其當孩子哭鬧較多時，焦慮感不斷更新。但媽媽的狀態卻經常是被忽略的，不管多痛苦，周圍人的回饋大多都是「別太

第一節　忽視：先為夫妻而後為父母

矯情，哪個女人不經歷這個過程」，痛苦被忽視，焦慮不被理解，經常被問責，甚至有的媽媽發展成「產後憂鬱」，仍然不被關愛。

一個焦慮的、無力的、缺乏獨立意識和思維能力的媽媽給孩子帶來的是巨大的不安全感，甚至會影響孩子一生。焦慮、憂鬱的媽媽會對養育孩子產生絕望感，有時也將這種負面情緒怪罪在孩子身上，甚至出現極端情況，使孩子成了受害者。

爸爸的角色作用是，當他參與孩子的養育過程中時，能夠讓孩子具有更好的性別意識，有更好的社會責任意識，同時更加勇敢和具有冒險精神。

孩子處於嬰幼兒期時，孩子對家中的氛圍很敏感，照顧者間的溝通會影響孩子最初對溝通的理解：沒有言語溝通的環境，不利於孩子了解什麼是言語溝通；而爭執的環境，孩子也能感受到緊張感，更易哭鬧，不利於其身心健康成長。

【父母該怎麼做】

養育孩子是夫妻共同的責任，夫妻，先為夫妻，而後為父母。夫妻間的溝通是家庭中最首要的溝通，妻子的角色、媽媽的角色，都需要被關愛和理解；丈夫的角色、爸爸的角色，都需要得到重視和陪伴。夫妻相互理解、關愛、體貼、陪伴，營造出溫暖、和諧的家庭氛圍，是孩子健康成長的關鍵。

第二章　家庭中的溝通：父母是孩子的榜樣

▌ 兒童期的忽視

家中的孩子上了學，父母基本都恢復了正常的上班。一種情況是，父母上班地方離家較遠，孩子被放在了老家由老人照顧，週末再回去看看，有些月底甚至到長假才回家，父母角色被忽視，孩子的關愛缺失，成了「偏鄉兒童」。

另一種情況是，家中的「幫手」歸位，家中只有父母和孩子，父母上班、孩子上學，經過了一天辛勞的父母，回到家之後經常處於疲乏的狀態，還有一堆家務，沒有過多的精力、較好的狀態陪伴孩子。父母經常為了家務、教育孩子起爭執。媽媽經常抱怨爸爸在家時看手機、玩遊戲、看電視，甚至乾脆將爸爸推到一邊，什麼都不用他管。在孩子面前，爸爸的威信缺失了，角色的缺失了。有經濟基礎的家庭，父母會請保母解決家務問題，但孩子的教育，仍然是夫妻爭執的焦點，爸爸的角色被忽視，媽媽的抱怨，對孩子的心理也會造成負面的影響。

【溝通心理解讀】

「偏鄉兒童」由於缺乏父母的關愛，缺乏傾訴、依戀的對象，經常處於孤獨、自卑的狀態中。他們缺乏安全感，渴望愛而又得不到愛，長期處於焦慮、緊張甚至自我封閉的狀態中，人際溝通能力相對較弱，容易叛逆，對周圍人容易產生

第一節　忽視：先為夫妻而後為父母

戒備、敵對的心理，與父母的關係淡漠，甚至會產生怨恨、偏激的想法。

父母的角色是孩子教育中不可缺失的，從媽媽的角色中，孩子感受到體貼、關愛、理解、包容，是親密感形成的關鍵，而從爸爸的角色中，孩子學到了堅強、剛毅，掌握了力量、規則。任何一方的缺失或忽視，都會讓孩子產生不安全感，甚至為了討好某一方表現出矛盾的心理和行為。與父母的溝通、與父母的關係，甚至日後孩子自己的親密關係，也受到父母相互之間溝通方式、相處模式的影響。

【父母該怎麼做】

父母是孩子最首要的依戀對象，若父母因經濟原因、工作原因沒辦法待在孩子身邊，關愛也不能缺失，物質的補償無法彌補精神的關愛。父母可以經常與孩子通電話、視訊聊天，拉近與孩子之間的心理距離，及時協助解決孩子遇到的問題，這樣即便不能長時間陪在身邊，孩子也能感受到父母的愛。

夫妻之間需要盡量達成教育的共識，在孩子面前樹立雙方的威信。父愛和母愛缺一不可，孩子能感受到父母之間的愛，這是孩子認知親密關係、與父母建立良性溝通和互動的關鍵。

第二章　家庭中的溝通：父母是孩子的榜樣

■ 青春期的忽視 ■

青春期的孩子經常表現出不願與父母溝通的狀態，於是很多父母便乾脆讓孩子自己待在家裡，既然相看兩生厭，不如不相見。他們忽視了父母應該發揮的陪伴作用，父母與孩子之間的關係也就變得越來越僵。

孩子處於青春期時，多數父母也正處於更年期，更年期的父母身體激素發生變化，情緒波動較大，容易忽視對對方的理解、關愛，父母之間的溝通也經常以爭執、冷戰的方式出現，家中的氛圍較為緊張。因此，孩子不願意加入父母雙方的爭戰中，往往就會出現不願回家、不願與父母溝通的狀態。

【溝通心理解讀】

青春期的孩子內心很敏感，比較叛逆，不願與父母有太多溝通，但從內心裡，他們又是不成熟的孩子，渴望父母的理解、關愛、陪伴。行為與心理的矛盾也是這個年齡階段孩子的獨有特點。而若因為孩子的拒絕就忽視對孩子的陪伴，那樣孩子的內心就會越發孤獨、叛逆。

有青春期的孩子的家庭氛圍容易緊張，若父母忽視了溫馨氛圍的營造，孩子也會變得更加敏感、孤立、易衝動。父母之間的關係影響著孩子對親密關係的認同，父母的爭執也

第一節　忽視：先為夫妻而後為父母

影響孩子的心理狀態，他們容易將父母的矛盾歸咎為自己的原因，認為自己做出某些改變就會改變父母的關係，但嘗試無果、自我疏解不了時甚至還會出現自傷、自殘、極端行為，對身心健康產生嚴重的傷害。

【父母該怎麼做】

父母需要理解青春期孩子的獨有心理特點，給予更多的關愛、理解、陪伴。而不是將自己推開，乾脆忽視了對孩子的教育、陪伴、引導。青春期也是一些價值觀念形成的關鍵期，需要父母在有意、無意的情景中，給予孩子適當的引導。

父母的關係是孩子對親密關係、對婚姻、對家庭的最初理解，父母需要重視雙方的關係對孩子造成的影響，盡量不在孩子面前起爭執或衝突，發生爭執時也不在孩子面前抱怨，或做出一些試圖將孩子拉向自己的言行。夫妻的矛盾是夫妻自身的，與孩子無關。

溝通良方

父母與孩子是漸行漸遠的別離，而夫妻間的陪伴卻是最長久的，有了孩子，更不能忽視了夫妻關係。「爸爸所能給孩子最好的禮物就是愛媽媽。」在良好的夫妻關係，溫馨的

第二章　家庭中的溝通：父母是孩子的榜樣

家庭氛圍裡長大的孩子，也是幸福的、自信的、獨立的、樂觀的。

在孩子的每個成長階段，父母都應該營造良好的家庭氛圍。因為父母之間的愛和父母的相處模式對孩子的安全感、身分的認同感、對親密關係的建立，甚至以後的婚姻觀、家庭觀都有影響。

父母要避免對任何一方的忽視，要充分發揮爸爸、媽媽的角色，讓孩子的愛不缺位、不缺失。

第二節　我愛你：愛意的表達與傳遞

　　愛是什麼？是包容、尊重、信任、理解、責任、關心，是無條件的付出和彼此的奉獻。在生活中，愛無處不在。從戀愛到結婚到生子，愛情帶給生活巨大變化，人們的角色也為之改變，從為人子女，到為人父母，如果我們在愛意中成長，我們也會將這份愛意傳遞。但愛要如何表達，卻成為困擾很多人的溝通主題。

　　生活中，嚴肅的爸爸常常羞於表達愛，家庭中幾乎沒有「我愛你」的表達，雖然從一些具體的舉動中能傳達出愛意，但愛的表達離不開語言。

嬰幼兒期愛的表達

　　有些父母在家中羞於表達情感，談戀愛時能自然地表達「我愛你」，但結婚成家後，這樣的表達卻越來越少，夫妻之間多忙於柴、米、油、鹽、醬、醋、茶，反而沒有了更多情感的交流。當孩子降生後，家中的焦點就成了孩子，夫妻之間愛的交流就變得更少了。

　　羞於表達的父母，對孩子的愛也羞於用言語表達，認為

第二章　家庭中的溝通：父母是孩子的榜樣

親親、抱抱、滿足生理需求就是自己愛孩子的表現。甚至有時媽媽為孩子讀繪本，孩子從繪本中學到了「我愛媽媽」而後表達給媽媽時，媽媽的回饋只是「嗯，嗯」，或重複「我愛媽媽」，卻不能回饋給孩子「媽媽也愛寶寶」，即希望得到孩子愛媽媽的表達，卻很少給予「寶貝，我愛你」的表達。

【溝通心理解讀】

嬰兒剛出生後，對於不同於子宮內的新環境表現出較大的不適應，此時，媽媽是他最熟悉的依靠，媽媽是他的全部，他從媽媽溫柔的聲音、溫暖的親親抱抱、及時的需求滿足中，能感受到媽媽的愛。同時，對於爸爸、其他照顧者的愛意，孩子的反應會稍微滯後，但透過一段時間的需求滿足、抱抱、親親等互動中，孩子也能體會到愛意。

孩子對於愛的感知、理解、表達，一方面透過他自己的體會來實現；另一方面透過觀察周圍人的互動、透過父母愛的表達、透過繪本閱讀來實現。孩子會因此而理解了什麼是愛，如何表達愛。

【父母該怎麼做】

父母可以透過親子陪伴，如親子遊戲、親子閱讀的方式，讓孩子從基本的生活需求以外感受到父母的愛，並透過繪本故事理解愛是什麼，如何表達愛。

第二節　我愛你：愛意的表達與傳遞

父母在孩子處於嬰幼兒時,就應該給孩子灌輸「父母給孩子的愛是無條件的」這一思想,因為在孩子眼裡,父母是他們的全世界,他們對父母的愛是無條件的,一以貫之的。但父母卻常常表達成「你不好好吃飯,我就不喜歡你了」、「你不聽話,媽媽不愛你了」等。這些都是將愛當作了有條件的威脅,並不利於孩子對於愛的理解。

兒童期愛的表達

每當孩子學會新的兒歌時,總會在父母面前反覆唱,而當父母能跟隨他的兒歌,給予親親抱抱時,孩子就會十分滿足、開心地跑去玩。

孩子很希望從父母那裡得到愛自己的證明,尤其當父母吝嗇於表達愛時,孩子會產生「父母是不是不愛我」的懷疑。如果家裡還有其他的兄弟姐妹,父母的關注相對分散,或父母經常發生爭吵,或父母經常訓斥孩子時,孩子對於父母是否愛自己的困擾會非常深刻,甚至有時還會透過一些反常舉動試圖吸引父母關注,印證父母是否是在意自己的、是愛自己的。

【溝通心理解讀】

親親、抱抱、誇獎,是孩子對父母愛自己的最簡單的理解,但父母因為忙碌,或羞於表達,或觀念裡認為孩子應該嚴肅管教,很少做出這些表達愛意的舉動。父母認為給你做

第二章　家庭中的溝通：父母是孩子的榜樣

好吃的飯菜，就是愛你；給你買好看的衣服、鞋子，就是愛你；給你買玩具，就是愛你；給你報名才藝班，就是愛你。但作為兒童，他們還不會理解這背後所表達的愛的深層含義。

在兒童的觀念裡，除了親親、抱抱、誇獎，父母的關注、父母的眼神鼓勵、父母的「摸摸頭」、父母撫摸背，這些是父母愛自己的證明。有些孩子為了驗證父母是否愛自己，會做出一些調皮的、明知是錯誤的舉動，以獲得父母的關注，甚至認為這時父母的批評、打罵都是關愛自己，形成了畸形的對愛的理解，這讓孩子以後對愛、對親密關係的理解都會形成負面的影響。

【父母該怎麼做】

愛孩子就要及時的表達，別讓孩子自己去求證父母的愛。父母平時給孩子多一些陪伴，多透過一些肯定的言語、眼神、愛撫，表達對孩子的愛意，讓孩子知道父母是愛自己的。

避免孩子自己做出一些刻意尋求關注的舉動，當孩子做出一些錯誤的、尋求關注的舉動時，要及時地告知孩子此類行為的錯誤。若意識到孩子做這類事情的目的是尋求父母的關注，那麼在他做此類事情時，可以透過忽視的方式，讓他意識到此類行為並不能引起父母的關注；而在他不做出此

類舉動時,及時給予表揚、讚賞,從而讓孩子意識到錯誤的舉動並不能引起父母關注,做對了才會得到父母的鼓勵和讚賞。

■ 青春期愛的表達 ■

一位 14 歲的女孩在天臺上對媽媽喊話:

「媽媽,妳是不是沒有那麼愛我了?妳工作很忙,每天都很少跟我說話,就算在家,每天也有很多電話要接⋯⋯

我不知道為什麼妳有那麼多時間跟別人說話⋯⋯我有一次打電話給妳,一直打不通,好不容易接通了,妳卻用十分冷漠的語氣問我有什麼事情。」

聽著孩子的哭訴,媽媽許諾會一週花兩次時間好好陪伴孩子,跟她好好說話。

【溝通心理解讀】

青春期的孩子,也渴求父母的陪伴和理解,希望父母能享受與他們在一起的時光,相信他們,並把他們看得很重要。但很多父母眼裡只有工作、客戶,他們將最好的態度、最好的語氣、最好的耐心留給了客戶,卻忽視了對孩子的愛。孩子需要的愛是陪伴,是坐下來與自己好好溝通,是眼神的肯定,是拍拍肩的鼓勵,是失敗時的鼓舞,是分享成功時的喜悅。若溝通時父母能對自己分享的消息做出溫暖、積

第二章　家庭中的溝通：父母是孩子的榜樣

極的回應，孩子會覺得自己分享的消息被接受了，並願意敞開心扉。

青春期的孩子對「愛」的理解，也是從家庭中，從父母身上習得的，父母營造有愛的家庭氛圍、為孩子樹立很好的互相關愛的榜樣，孩子也會更自信、更有安全感。在涉及親密關係時，孩子不會自卑、覺得自己不值得被愛。看到父母愛意的表達，孩子也會學習或主動溝通，而不至於盲目嘗試。

【父母該怎麼做】

父母對孩子渴求陪伴的狀態，需要給予積極的回饋，而不是忽視，要每週都有固定的時間用心陪伴孩子，利用一些輕鬆的親子活動，與孩子進行平等的、輕鬆的溝通，讓他意識到「不管父母工作多忙，自己都是父母最愛的寶貝」。

對青春期的孩子表達愛，更多的是透過非語言的形式，而適用於兒童的「摸頭」、「抱抱」，對他們已經不適用，甚至可能引起反感，可以用將他們當作成人的方式來表達愛，父子間「勾肩搭背」，母女間「挽手臂」都是表達愛意的形式。

溝通良方

在孩子成長的每個年齡階段，父母都要在家中營造愛的氛圍，協調好自己的工作時間和陪伴家人的時間，傳達給孩

第二節　我愛你：愛意的表達與傳遞

子「父母對孩子的愛是無條件的」的訊息，引導孩子理解愛是什麼，如何表達愛。對他們進行及時的肯定、眼神鼓勵和愛撫，銘記他們紀念日、生日、升學、獲獎等特殊紀念意義的日子，適時地為孩子準備禮物，這些都能讓孩子有充分的被愛的感受。

第三節　冷漠：冷暴力也是一種傷害

　　冷漠，表現為情感上的冷淡、輕視、放任、疏遠和漠不關心，致使他人在精神上和心理上受到傷害。這是一種精神暴力，對人的傷害不亞於身體暴力。長期遭受精神暴力，使人容易出現情緒表達障礙和性格扭曲。家庭冷暴力的極限會使很多受傷害的人產生報復心理。

嬰幼兒期的冷漠

　　孩子的爸爸每天回到家就抱著手機，沉迷於遊戲中，自動隔離周圍的環境，對妻子、孩子都不聞不問。而孩子的媽媽每每想要去溝通一些話題時，都被三兩句話打發，之後繼續是無言的對待，孩子的爸爸繼續沉浸在自己的世界裡。

　　嬰兒哭鬧時，父母讓他自己獨自哭鬧，不給予任何回饋，這是父母對孩子的冷漠，也是一種冷暴力。嬰兒的需求不能得到滿足，尋求關注不能得到實現，會讓嬰兒產生強烈的無助感，使他們難以建立安全感，無法形成安全依戀。

第三節　冷漠：冷暴力也是一種傷害

【溝通心理解讀】

嬰幼兒期是孩子形成安全感、形成安全依戀的關鍵期，在這一階段，孩子的溝通方式主要是哭鬧、求抱抱等非語言的形式，父母若此時都採用冷漠、忽視的方式，孩子與父母的依附關係難以建立，也會形成強烈的無助感、不安全感，對孩子人格的形成有很大的影響。

家庭中的冷戰，父母的冷漠處理，必然會產生一些負面情緒，本該正常溝通的語言環境、輕鬆的氛圍，變成具有攻擊意味的沉默。孩子會感知到這樣緊張的氛圍並因此產生不適感，這也不利於孩子溝通行為的習得。

【父母該怎麼做】

再好的感情，也經不起一次次的冷漠對待，夫妻雙方出現問題時，要先平靜下來，看書、聽音樂轉移一下注意力，處理好自己的情緒後雙方再做溝通，並盡量採取積極的溝通方式，主動道歉，簡訊、郵件等都可以。先避免談及敏感話題，逐步溝通，儘早打破冷戰的僵局。

在解決問題後，雙方處於較好狀態時，達成對出現矛盾時如何溝通的共識，避免以後再出現用冷漠、沉默、忽視等冷暴力的方式處理矛盾衝突，為孩子營造一個輕鬆的、積極的溝通氛圍。

第二章　家庭中的溝通：父母是孩子的榜樣

兒童期的冷漠

父母對孩子的冷漠是一種精神上的懲罰，孩子雖然在家裡，但卻感受不到父母的關愛。父母忙於自己的應酬，對孩子不聞不問；或因為工作，將孩子獨自放在家裡；有些父母糾纏於夫妻之間的關係、婆媳關係等，無暇顧及孩子，這都會對孩子產生一定程度的傷害。

父母的冷戰有時也會波及孩子，對孩子故意表現出不去關心的狀態。孩子滿心歡喜地拿著滿意的成績單給父母看，都被無視地推開；孩子做出一個精美的手工作品送給父母，被訓斥一句「做這有什麼用，學習去」；孩子幫媽媽做了家務，等待父母的表揚，父母卻沒有任何回饋……

【溝通心理解讀】

父母的關注和肯定，是對孩子成長最大的助力。而父母對孩子的冷漠，就是一種精神上的摧殘，會讓孩子缺乏自信、自我否定、質疑自我價值，為尋求父母的關注，孩子會變得異常敏感。

父母持續的冷戰也會影響孩子的心理健康，有的孩子會因為經常成為冷戰的「犧牲品」，變得對周圍的環境非常敏感，對家裡的氛圍異常警覺。長期下去，孩子會變得過於敏感、不自信或刻意討好他人；也有的孩子學會了父母的冷暴

力方式,變得很冷漠,沒有一般孩子的喜、怒、哀、樂,對他人也是漠不關心……

【父母該怎麼做】

孩子需要父母的關注、肯定、鼓勵,對孩子投來的尋求關注和認可的目光,及時給予眼神回饋,及時讚許、鼓勵;對孩子需要父母出席的活動,盡量抽出時間陪伴參加;對孩子出色的表現,及時認可、讚賞。

當孩子犯錯時,父母應與孩子及時溝通,及時糾正錯誤的行為,而不是採用跟孩子生氣的方式,對孩子不理不睬,甚至採用將孩子獨自關禁閉的方式,這些都會對孩子造成心理創傷。合理的懲罰是教育中不可或缺的方式,但冷漠、冷暴力絕不該是實施給孩子的懲罰。

青春期的冷漠

「我們每天幾乎都不說話,我有時想和他做一些溝通,可是他卻一副冷冰冰的樣子,我的話根本就說不出來。如果再這樣下去,我的精神真的要崩潰了。」媽媽在孩子面前抱怨道。

「爸媽一吵架就冷暴力,我在家裡非常難受,左右不是。現在導致我也有這種傾向,雖然我知道自己非常討厭冷暴

第二章　家庭中的溝通：父母是孩子的榜樣

力，每次都希望他們能坐下來好好溝通，但自己無形中也被影響了，有時自己跟同伴相處時，感覺自己也有實施冷暴力的傾向。好痛苦。」一位青春期的孩子對諮商師說。

【溝通心理解讀】

夫妻之間的家庭冷暴力對孩子會產生很大的影響。一方面，這種緊張的氛圍，會讓父母選擇將孩子作為情緒的宣洩口；孩子成了情緒的垃圾桶，承受著來自父母的壓力，但他們又沒有解決父母矛盾的能力，甚至也沒有自癒的能力，只能自責、被傷害。

另一方面，在這種環境裡生活的孩子，也會習得冷暴力的處理方式，輕者會性情憂鬱，變得懦弱或殘暴，重者可能會產生自殘、自殺傾向。而父母對青春期孩子的冷漠對待，是更嚴重的自我意識的摧殘。

【父母該怎麼做】

在家庭中盡量避免冷戰的處理方式，夫妻之間的問題應積極溝通，避免將孩子拉入冷暴力的漩渦。要對孩子積極關注，對青春期的孩子表現出的獨立人格給予積極的肯定，不忽視他的任何成長需求。對孩子提出的質疑認真對待，不用冷漠的方式對待孩子。

第三節　冷漠：冷暴力也是一種傷害

▎溝通良方 ▎

冷暴力經常會讓人抓狂，因為它是一種被動型的攻擊形式，是採用沉默、忽視、冷漠的方式懲罰、控制對方。

對家人、對孩子，都要盡量避免採用冷漠、冷暴力的溝通方式，不忽視孩子成長的任何環節，陪伴孩子的成長。對嬰兒期的孩子表現出的需求積極關注、及時滿足；對兒童期的孩子尋求關注、積極表現的成績及時認可、鼓勵；對青春期的孩子，及時地關注成長的獨立表現，給予成人式的關注、鼓勵。

■ 第二章　家庭中的溝通：父母是孩子的榜樣 ■

第四節　家庭暴力：無法挽回的創傷

家庭暴力是一個全球性的問題。與直接遭受家庭暴力的孩子相比，作為家庭暴力目擊者的孩子遭受的傷害更隱蔽，隱蔽的傷痛主要在精神上、心理上。

聯合國釋出的《2013 暴力侵害兒童全球調查報告》表明，全球每年有 1.33 億至 2.75 億的兒童，目睹發生在其父母之間的某些形式的暴力行為。而在亞洲，根據 2015 年的調查，2.7 億個家庭中約有 30% 存在家庭暴力。以每個家庭平均一個孩子計算，約有 9,000 萬孩子生活在存在暴力的家庭中。

▌嬰幼兒期的家庭暴力

孩子誕生後，家裡多了很多新的主題，生活中多了一些可能產生摩擦的瑣事，夫妻間對此處理不當，發生爭吵很常見，但情緒控制不當，甚至出現情緒激動而動手打人的情況，就涉及家庭暴力的問題了。

【溝通心理解讀】

家庭暴力是家庭成員負面情緒過多、攻擊性情緒增長，出於釋放能量的一種需要而產生的暴力行為。家庭暴力發生

第四節　家庭暴力：無法挽回的創傷

時，90% 的孩子就在同一個房間或隔壁房間，他們被稱為「目睹家庭暴力兒童」。

研究發現，兒童期曾看到或聽到父母家庭暴力發生的個體，其成年後實施暴力行為的機率是對照組的 3 倍。長期暴露在家庭暴力環境中的兒童會產生「暴力是解決家庭問題的合理方式」的錯誤認知，因為他們並未從家庭中學習到解決衝突的其他方法。

【父母該怎麼做】

提高調節情緒的能力，不將壞情緒帶回家，在工作中遇到的問題、生活中經受的壓力而產生的壓抑的狀態，及時進行自我排解。對於原生家庭對自己產生的影響，能有所覺知，並盡量避免。找出適合自己的心理調節方式，如有必要，及時找心理諮商師求助，不將壞情緒影響到家人。

兒童期的家庭暴力

孩子是家中最弱勢的族群，有些父母在外面受了氣，不能控制、調節好情緒，回家後將情緒發洩在孩子身上。一旦孩子的分數沒有達到預期或孩子有表現不好的地方，就體罰孩子。

第二章　家庭中的溝通：父母是孩子的榜樣

【溝通心理解讀】

　　生活在家庭暴力環境中的孩子，有著強烈的自卑心理，內心非常敏感。他們時刻擔心父母是不是情緒不好，謹慎地觀察父母。父母情緒好時，跟孩子很親暱，但父母有時情緒是突然變化的，孩子也找不到原因，便會自責是不是自己哪裡做錯了，想尋求關愛又恐懼父母突然變臉，因而內心矛盾、缺乏安全感。

　　父母打罵孩子後並不會認錯，反而會讓孩子認錯，孩子的心裡很排斥，卻又不得不認錯；孩子對父母也會產生恐懼心理，自尊心被一點點磨滅，與父母的關係也越來越遠，導致自卑、懦弱。被家庭暴力影響的孩子，也會習得父母的行為，形成孤僻、暴戾的性格。

【父母該怎麼做】

　　和睦的家庭氛圍，是孩子健康成長的重要支撐。父母的關愛是孩子身心健康成長的關鍵。對兒童的體罰會對孩子身心造成嚴重的摧殘。父母應及時控制好情緒、控制好自己即將施暴的行為，平息好情緒再溝通。

　　父母應時刻記得自己是孩子的榜樣，應做好言傳身教。父母的行為方式、情緒的控制、處理問題的方式都是孩子的榜樣，孩子都在學習、模仿。

第四節　家庭暴力：無法挽回的創傷

■ 青春期的家庭暴力

「與男生說話、接觸，就會讓我覺得恐懼，總覺得他們身上都有暴力因子，隨時都有可能打我。我要跟他們保持距離。」、「只要看到爭吵的混亂場面，我就害怕。」一位經常目睹媽媽被爸爸家庭暴力的女生對諮商師這麼說。

【溝通心理解讀】

見證了家庭暴力的孩子，對親密關係會存在恐懼。目睹父母的暴力行為，孩子會將暴力合理化，認為自己或他人的暴力，都是正常的情緒發洩方式。

有研究顯示，從小目睹媽媽遭受家庭暴力的女性，長大後成為家庭暴力受害者的機率，是一般女性的 4.3 倍；曾經目睹家庭暴力的男性，長大後對伴侶施暴的機率，則是一般男性的 5.27 倍。

【父母該怎麼做】

青春期的孩子，情緒容易暴躁，容易出現暴力行為，作為父母，需要避免在家中出現暴力行為，對於孩子出現的不當的情緒宣洩行為，尤其是暴力行為，需要及時引導，不能以暴制暴，強化暴力行為。

家庭中夫妻之間的矛盾，盡量平和地解決，營造溫馨、和諧、有愛的氛圍，給孩子建立良好的親密關係的典範。

第二章　家庭中的溝通：父母是孩子的榜樣

■ 溝通良方 ■

對孩子的體罰和夫妻之間的家庭暴力，都是在家庭中必須杜絕的現象。

家，是孩子成長的港灣；父母，是孩子的第一任老師，也是孩子終身學習的榜樣。作為父母，要時刻記得這份角色帶來的責任，營造溫馨、有愛、和諧、平等的家庭氛圍。

父母要學著控制自己的情緒，能夠及時地排解壓力、調節情緒，不將壓力和負面情緒帶回家，避免將原生家庭帶給自己的創傷再賦予孩子。夫妻之間有問題時，在平靜的狀態下，平和地溝通，避免暴力處理。雙方溝通解決不了的問題，應尋求專業幫助，不讓孩子成為目睹暴力、經受暴力的受害者。

第三章
生活中的溝通：
規則的建立和社會角色的認知

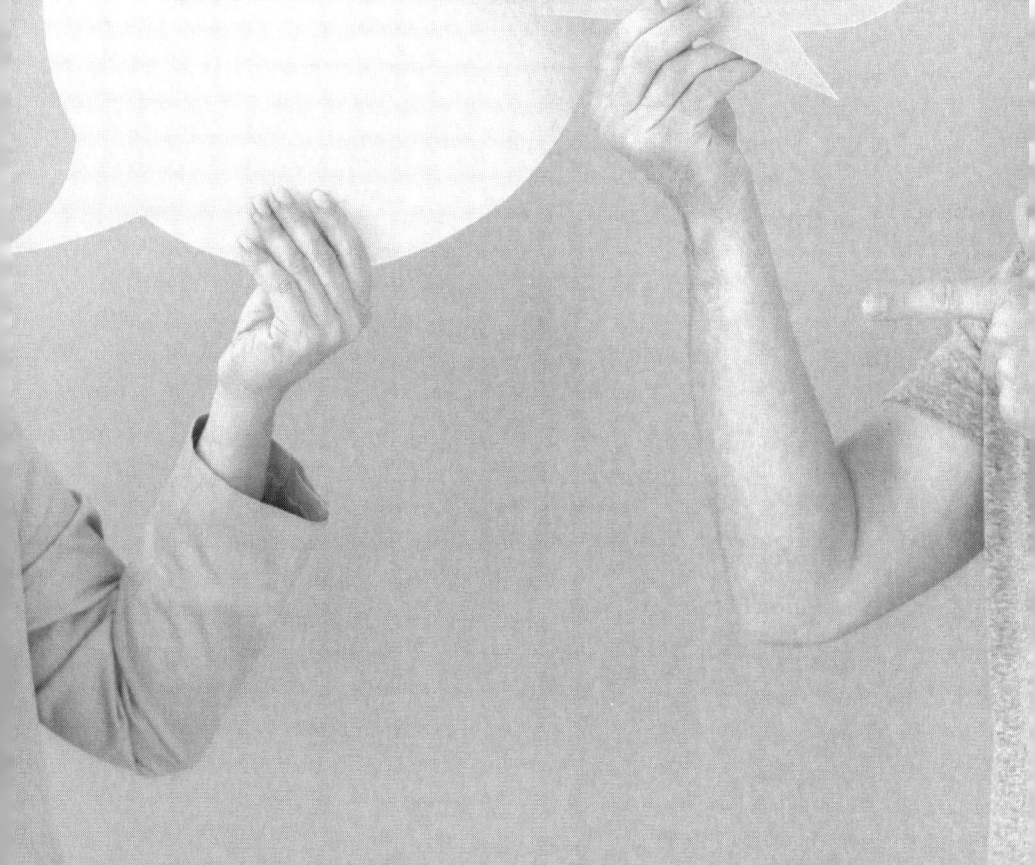

■ 第三章　生活中的溝通：規則的建立和社會角色的認知 ■

第一節　害羞：躲在媽媽身後的孩子

調查顯示，大約 1/5 的孩子都有害羞的心理，成年後也不能完全擺脫。如果在孩子成長的關鍵時期，沒有及時改變害羞的狀態，孩子長大之後，很有可能會變成一個敏感、害羞的成人。

■ 嬰幼兒期的害羞 ■

小海是一個長得很可愛的男孩，但媽媽帶他去玩時，他一直躲在媽媽身後，周圍人與他打招呼時，他也會迴避眼神交流，跟他說話也一直低著頭，或專注地玩著自己手裡的小汽車。有一次，比較熱情的鄰居阿姨跟他親近，伸手要抱他時，他卻扭頭跑開了。家裡有親戚到訪，小海也躲著不見人。媽媽帶他跟其他小朋友一起玩，他也只是獨自玩。

【溝通心理解讀】

孩子的性格天生就有差異，有些天生膽大、外向，有些天生膽小、內向。在遇到陌生情景或陌生面孔時，孩子認生、害怕，是正常現象，在父母的引導、鼓勵下可以逐漸緩解。

第一節　害羞：躲在媽媽身後的孩子

孩子不願意與人交流，難以和父母及同齡孩子相處，也有可能是自閉症的表現。自閉症，主要表現出語言障礙，不會說話或說話遲緩；不同程度的人際交往障礙；與人很少有眼神上或肢體上的交流；興趣狹窄，對某些細節、主題異常關注；行為方式刻板；聽覺敏感，對特殊聲音喜歡或恐懼。自閉症一般在3歲以前就會表現出來，是一種廣泛性的發育障礙。

【父母該怎麼做】

對於孩子性格的差異，父母也不必著急，可以根據孩子的成長特徵，有意識地逐步引導孩子進入新環境，逐漸適應令孩子害怕的場景，孩子會慢慢改變。

對於可能患有自閉症的孩子，父母需儘早帶到醫院，早發現、早診斷、早治療。家庭成員一起參與孩子的治療，能互相鼓勵、支持，堅定信心，因為家庭的態度對自閉症的影響不亞於干預治療。根據治療方案，採用藥物治療與心理治療相結合的方式，配合醫生的治療、訓練，必要時可以在特殊教育學校或醫療機構接受教育和訓練，包括感覺統合訓練、社交能力訓練等。父母需要接受自己孩子的不同，營造輕鬆愉快的成長環境，帶動身邊人的逐步接受。

第三章　生活中的溝通：規則的建立和社會角色的認知

■ 兒童期的害羞 ■

小童是個害羞的女孩，她說話聲音較小，經常不敢說話、不敢喊人，父母比較焦急，經常當著其他人的面大聲斥責她，訓斥她不喊人或聲音小，還當著孩子的面對別人說：「這孩子一向膽小，不願意說話。」小童在遇到人時也基本不喊人，因為媽媽總會在身後幫她解釋「膽小，不願意說話」。

【溝通心理解讀】

孩子對環境、對他人缺乏安全感時，會有害羞的表現。孩子的害羞有可能是因為父母教養方式過於嚴格，以成人的標準要求孩子造成的，導致孩子的壓力很大，不願意開口。在家庭成員內部，有的父母會千方百計地哄勸孩子開口，有的則認為孩子現在還小，不想說也不用勉強。引導方法的不一致，既不利於孩子學習如何表達，壓抑他的表達欲望，也會讓孩子產生焦慮的情緒。

有些父母過度保護，不讓孩子自己嘗試，有些為了緩解尷尬，維護面子，在孩子面前跟別人解釋說孩子膽小、不說話，給孩子貼上了標籤，孩子受到暗示，會成為父母形容的樣子，膽小、害羞、不主動表達。

第一節　害羞：躲在媽媽身後的孩子

【父母該怎麼做】

當孩子面對新的、不熟悉的人或事感到不適或恐懼時，父母要陪伴、鼓勵、支持他們，幫助他們提前做好心理建設，預演情境，多做訓練，隨著時間的推移，孩子的害羞和不適會有所緩解。

父母要有意識地鼓勵孩子和引導孩子與人交往。面對害怕的場景，對孩子多肯定、少批評，多鼓勵、少指責。避免給孩子貼標籤，用正面的話語給孩子鼓勵，如「今天和阿姨說話的聲音比較大，很好聽，很棒哦！」微笑、點頭、揮手、眼神交流，都會帶給孩子鼓勵，能逐步降低孩子的恐懼感，提高孩子與人交往的勇氣、建立與人交流的自信。

青春期的害羞

小萱是一名國二的學生，平時與同學交流較少，沒有較好的朋友，幾乎不參加學校的活動，老師喊她回答問題時，她總是緩緩地站起來，低著頭不說話，無論老師怎麼鼓勵，她就是不說話。回到家也是自己待在房間，幾乎不與父母交流，也很少和父母一起參加家庭聚餐。

父母對孩子若一直較少關注，預設孩子內向的性格，不予引導，較少陪伴，孩子「孤僻」的狀態會更加嚴重，甚至形成社交焦慮症或社交恐懼症，影響正常的學習和生活。

第三章　生活中的溝通：規則的建立和社會角色的認知

【溝通心理解讀】

　　青春期的孩子會多一些敏感和害羞，但有些已經不僅僅是害羞，他們會表現為害怕或迴避社交，拒絕參加團體活動。學習、社交技能鍛鍊的機會都因此減少，學習、生活能力也受到影響，這類情形中孩子可能出現了社交焦慮症或社交恐懼症。社交焦慮症或社交恐懼症的表現如下。

01. 害怕被人注視或評論。
02. 認為別人能看透自己的窘態，對自己都是負面評價。
03. 迴避與人的眼神交流，渾身不自然，手腳無處安放。
04. 迴避導致社交焦慮的情景，通常是減少社會交往。
05. 在社交場合，會伴有臉紅、顫抖、心速過快、頻尿、噁心等反應。

　　孩子出現社交焦慮症的情況，父母不必過於焦慮或擔憂，父母的焦慮也會傳染給孩子，積極的引導、訓練會緩解孩子的焦慮。

【父母該怎麼做】

　　孩子若出現了社交焦慮症或社交恐懼症的情況，尤其還影響到了學習和生活時，父母需調整好心態，了解孩子焦慮的原因，學習一些幫助孩子克服焦慮的方法，陪伴、鼓勵、支持、引導孩子，幫助孩子逐漸克服緊張和害怕。

第一節　害羞：躲在媽媽身後的孩子

可以採用系統減敏法，從孩子不太緊張的場合、較熟悉的人訓練起，逐步、逐級擴大社交的人群，適應陌生的場合、緊張的情景、社交的時長，從而逐漸適應、緩解緊張。還可以透過心理諮商門診或機構，輔以藥物緩解、採用暴露療法等，幫助孩子克服焦慮、緊張情緒，建立起正常社交的自信。

溝通良方

孩子的害羞，可能是性格的原因，可能是對新環境的適應力較弱、對環境缺乏安全感，也可能是自閉症、社交焦慮症、社交恐懼症的原因，父母需仔細辨別分析，對待孩子多一些耐心與陪伴，用心引導。

對於孩子可能出現的自閉症、社交焦慮症、社交恐懼症，盡量早診斷、早治療，父母間互相支持、鼓勵，營造積極的、支持的氛圍，幫助孩子進行技能訓練，逐漸提升孩子的適應力。

孩子成長中都會經歷害羞、對陌生人畏懼的過程，家長應避免給孩子貼上害羞、膽小的標籤。父母需有充分的耐心，為孩子多創造一些機會，讓他逐漸多見一些人、多面對一些可能會害怕的情境，陪伴他、鼓勵他、引導他，幫助孩子提升適應新環境的能力、提升社交技能。

第三章　生活中的溝通：規則的建立和社會角色的認知

第二節　搶占：走開，這些都是我的

孩子為爭奪物品發生的爭執或衝突，是經常令父母頭痛的問題，孩子抱著玩具不放，對方父母詢問能否分享，如何緩解尷尬的場面，讓孩子能主動與別人分享？兄弟姐妹之間經常為爭奪父母的愛、爭奪玩具發生爭執，如何幫助他們保持良好的關係？

嬰幼兒期的搶占

小敏2歲半，爸爸平時工作很忙，回家時小敏都睡著了，有次難得週末不用加班，小敏爸爸看到在沙發上玩耍的媽媽和小敏，過去都抱了一下，小敏的反應卻很強烈，將要抱媽媽的爸爸的手推開，爸爸試著又抱一下媽媽，小敏又撇嘴大哭，推開了爸爸。之後玩耍、吃飯、洗澡時，只要爸爸在，小敏就哭鬧，爸爸無奈，只好獨自一人躲到一旁的小房間。

小敏帶著自己心愛的湯瑪士小火車出去玩，碰到媽媽的朋友帶著小姐姐也出來玩了，小姐姐很想玩一玩小敏的小火車，媽媽對小敏說跟姐姐分享一起玩啊，小敏抱著小火車，搖著頭說「這是我的」，媽媽就和小敏一直講道理，請她把小火車拿出來，小敏委屈地大哭起來。

第二節　搶占：走開，這些都是我的

【溝通心理解讀】

　　2歲以內的嬰幼兒還沒有形成完全的自我意識，在孩子的眼裡，他和媽媽是一體的、共生的，不允許別人介入自己和媽媽之間，這時如果有別人，比如爸爸，在幼兒面前表現出對媽媽的親密行為，孩子就會覺得自己的主權受到了侵犯，媽媽被搶走了，便會生氣、傷心、哭鬧。

　　孩子到2歲以後，進入「物權敏感期」，開始意識到哪些東西是屬於自己的。三四歲時，孩子普遍出現「利己」傾向，比較自我。此時若強迫孩子分享他的玩具、讀物，孩子會非常委屈，認為父母是幫其他小朋友搶自己東西，對父母不理解自己而感到憤怒、傷心。

【父母該怎麼做】

　　爸爸需要創造一些機會，多參與孩子的照料，盡量每天都能陪伴、照顧、關愛孩子，孩子也會建立對爸爸的依戀，對爸爸的親切感也會加深。在家中經常玩一些一家三口的親子遊戲，媽媽也多做一些引導，能讓孩子意識到，爸爸不是跟他搶媽媽的，爸爸、媽媽都是愛他的。

　　孩子對自己物品的所屬意識會經歷一個非常敏感的階段，父母不必強求孩子分享，要充分考慮孩子的感受，讓孩子做自己所有物的主人，由他決定是否分享。但平時需要透過繪本、故事、生活等小事例，幫孩子做一些分享意識的引

第三章　生活中的溝通：規則的建立和社會角色的認知

導，如分享可以獲得哪些快樂，引導孩子形成分享的觀念，讓孩子主動快樂分享。

■ 兒童期的搶占 ■

小明是出了名的「小霸王」，爺爺奶奶寵愛，爸爸媽媽疼愛，要什麼玩具給什麼玩具，要什麼吃的立刻買回來。小明跟小朋友一起玩時，會經常發生爭吵、打鬧現象，因為他帶出去的玩具，從來都不願意跟其他小朋友分享，在遊樂場玩時玩著翹翹板，還讓奶奶幫忙占著鞦韆，其他小朋友要盪鞦韆時，就立刻哭叫著跑過去說，「走開，這是我的，我要玩的」。

後來小明的媽媽又懷孕了，媽媽告訴小明要有個弟弟陪他一起玩了，小明一開始開心，但弟弟出生後，他卻經常鬧情緒，不准弟弟碰他的東西，還對媽媽說：「妳把弟弟塞回肚子裡吧。」

【溝通心理解讀】

孩子通常到了七八歲時才真正懂得分享，若不能給孩子及時的引導，孩子出現自私、搶占行為的可能性很大。孩子的搶占行為跟家庭中營造的氛圍有一定的關係，父母的縱容、包庇、讓孩子獨享、教孩子玩具不給其他小朋友玩，都會讓孩子缺乏分享意識，產生搶占行為。

第二節　搶占：走開，這些都是我的

孩子內心都渴望得到父母獨一無二的愛，在孩子的觀念中，弟弟或妹妹的降生，是將父母的愛奪走了，將自己的玩具也分走了，搶占行為，甚至對弟弟妹妹的攻擊性行為，也是想奪回他認為應該都屬於他的關愛和玩具。

【父母該怎麼做】

在家庭中創造分享的氛圍，避免營造孩子的特殊地位十分重要。比如吃東西時，家人都共同分享，買的比較少或很好吃的食物，也要避免讓孩子一人獨享。為孩子創造經常與同伴一起玩耍的機會，引導孩子分享自己的零食、玩具，讓孩子體會分享的樂趣。

跟孩子充分建立移情，引導、幫助孩子把他消極的、負面的情緒、感受表達出來；對於孩子在現實中並不擁有的東西，給他們想像的空間，引導他們表達出自己的願望；幫助孩子以象徵性的或創意的方式，比如，畫畫、家家酒、寫作的方式，發洩他們的敵意感受；及時制止孩子具有攻擊性的傷害行為，告知孩子如何更好地發洩憤怒情緒。

青春期的搶占

小牛是一名國三的學生，在家中總是一副唯我獨尊的狀態，媽媽中午炒了一份糖醋排骨，是小牛愛吃的，他就把盤

第三章　生活中的溝通：規則的建立和社會角色的認知

子往自己面前一端，將盤子裡的排骨一掃而空，爸爸媽媽一塊也沒吃到，兩人面面相覷。小牛已經不是一次兩次這樣，遇到好吃的全都抱到自己身邊，一人獨享，家裡有客人到訪也是如此，爸爸媽媽感到非常尷尬，卻不知如何勸導。

小牛在家時經常將房間裡的音樂開得很大聲，也不管家中是否有其他人，不管爸爸或媽媽是否在睡覺，媽媽請他把音樂聲音開小一點，他大聲回應道：「我在聽音樂，這是我的房間，你們把門關起來吧。」之後依舊轟隆隆地繼續播放著音樂。

【溝通心理解讀】

孩子平時的習慣，是從小養成的，到青春期時，他們會尋求強烈的獨立感，尋求獨立空間、尋求自由，但這種追求，如果童年期父母沒有很好的教育關於分享的觀念意識，孩子會變成自私、不顧及他人，性格中養成一種獨占甚至霸占的意識。加上青春期暴躁、易怒的情緒，孩子的這種狀態會帶給父母很大的困擾，將來到學校住宿，與同學相處都會成為問題。

【父母該怎麼做】

父母在家庭中需要營造好的氛圍，家庭是大家共同生活的空間，物品、食物都是共享的，不論是孩子或者是家中的任何一名成員都要充分考慮家庭中其他成員的感受，有著與家庭成員共同分享的意識。父母要與孩子做朋友，平等地與

他們溝通,將孩子當作成人,不給予獨享的特權,並引導孩子的分享意識,包括空間、食物,甚至引導孩子分享自己成長的疑惑和自己的小祕密。

若是多子女家庭,幫助孩子們協調好子女之間的關係,化解他們之間的敵意或冷戰,理解他們的狀態,讓他們能有自己情緒的發洩口,可以讓他們有機會與其他孩子享有特權與責任,互相支持、互相理解、互相幫扶。

溝通良方

搶占、獨占、霸占,都是孩子自私行為的表現,父母需在家庭中營造共享、分享的溝通氛圍。

孩子成長的不同階段對於分享意識有不同的理解,嬰幼兒期的孩子,有著「物權敏感期」,有強烈的「我的」意識,此時應不強制孩子分享,而逐步透過故事、生活小事例、帶孩子一起參加遊戲的方式引導孩子產生分享意識,讓孩子主動快樂地分享。從兒童期開始,要明確培養孩子的分享意識,幫助他們建立良好的同伴關係,及時化解兄弟姐妹之間的敵意、衝突,學會共同分享喜悅、悲傷,分享玩具、物品。青春期的孩子,追求獨立空間和自由,父母需要營造平和、共享的家庭氛圍,把彼此都當作朋友,培養孩子在共同生活的空間裡能兼顧他人的溝通習慣。

■ 第三章　生活中的溝通：規則的建立和社會角色的認知 ■

第三節　聽我的：規則？權威？尊重

父母在育兒的過程中，經常喜歡用「聽我的」來強化自己的權威，讓孩子服從，但無意中也會發現，孩子也在使用「聽我的」。比如，孩子與同伴相處時，讓其他小朋友「聽我的」，在與父母溝通時，讓父母「聽我的」，甚至在爭執、衝突中，怒吼「聽我的」，這種看似樹立權威的行為，實際為溝通的順利進行帶來了障礙。

嬰幼兒期的「聽我的」

在孩子還小的時候，父母對孩子的各種要求都比較低，孩子做出一點貢獻，父母就會覺得孩子很懂事，就算是父母想讓孩子做一些什麼事情，也會用很溫和的語氣向孩子提出，如果孩子一時不願意做，父母也不會生氣，對孩子有比較多的耐心。

當孩子長大一點後，父母就覺得，孩子也該懂事了，讓他做什麼他就應該馬上去做，不能哭哭啼啼、拖拖拉拉的。無意間，父母向孩子提出要求時就多了幾分堅定，少了幾分溫和，當孩子不願意馬上做出父母期待的反應時，還會指責孩子不聽話。孩子的自主意識也在發展──我本來就已經不

第三節　聽我的：規則？權威？尊重

喜歡事事聽你的安排和指揮行事了，你還這麼堅定地要我聽從你的要求？！哼，我就不聽！

【溝通心理解讀】

2至4歲是孩子人生中的第一個叛逆期，俗稱「寶寶叛逆期」。在這個時期，孩子的自主意識逐漸發展，他想主導自己的生活，不想再聽從父母的指揮和安排，也希望父母有時能聽他們的。

但是很多父母因為缺乏學習，還不太懂得孩子的心理發展規律，所以在孩子不聽從指揮和安排來行事時，就容易下意識地給孩子貼上「不聽話」的標籤。親子雙方容易陷入一個惡性循環──父母的要求越生硬，孩子就越不肯聽從；孩子越不聽從，父母就越惱火、越心急，語氣越生硬，甚至拿出權威的語氣讓孩子服從，使雙方關係更為緊張。

【父母該怎麼做】

遵循孩子的成長規律。當孩子出現類似不聽話的表現時，淡定些，先反思自己是不是給孩子太高的期待，要多給孩子一些尊重和等待，不輕易給孩子貼上「不聽話」的標籤，讓孩子慢慢度過發展期。

增強自己的育兒信心。對孩子少用「聽我的」這樣的命令式口吻，因為對孩子的強硬要求，孩子也會模仿，並用到自

■ 第三章　生活中的溝通：規則的建立和社會角色的認知 ■

己與同伴之間的相處，甚至與父母的對話中。

在家中營造民主的氛圍。與孩子共同商定活動的方案、行為的準則。

■ 兒童期的「聽我的」■

小飛和同伴一起玩遊戲時，總是要別人聽他的，小朋友不答理他，或者沒按照他的規則去做時，他就會大叫「聽我的，你們聽我的」！甚至還會哭鬧、打人，父母很是頭痛。

爸爸媽媽下班回家後都忙著自己的事情，媽媽在廚房做飯，爸爸躺著玩手機，小飛要他們陪自己玩，媽媽不耐煩地說：「出去，出去，媽媽要煮飯。」爸爸抱著手機頭也不抬地說：「自己玩，自己玩，爸爸有事要忙。」吃飯時，小飛跟他們分享自己在學校的見聞，爸爸媽媽各自拿著手機，頭也不抬地應付道：「哦，嗯。」小飛看這情形，大叫了一聲：「你們聽我說。」爸爸媽媽頭抬了起來，小飛又說了一句「聽我說」，父母跟他有了眼神互動，小飛開心地講起了他的見聞。

【溝通心理解讀】

同伴在兒童成長中會發揮越來越重要的作用，其有利於兒童的認知技能學習、情緒安定、社交技能掌握。兒童的友誼發展也經歷幾個發展階段。

第三節　聽我的：規則？權威？尊重

4至5歲的兒童屬於單向幫助階段，此時他們要求朋友聽從自己的願望和要求，順從自己的同伴就是朋友，否則就不是朋友；6至12歲的兒童屬於雙向幫助階段，兒童對友誼的互動有了一定的了解，但有明顯的目的性。舉止平靜、出色、合作、助人的兒童更受歡迎。

兒童的自我意識形成時，希望周圍的人都能遵從他制定的規則，兒童與人溝通時，希望對方能注意他。大聲的呼叫，也是為了獲得對方的注意。

【父母該怎麼做】

父母需引導、幫助孩子處理好同伴關係，給予孩子自信、鼓勵。可以透過角色扮演、故事情景的方式，培養他與同伴交往中的基本交往技能，理解同伴，學習處理衝突，培養孩子的利他主義行為，讓他能夠為自己負責。

避免讓孩子透過吼叫的方式吸引自己注意，若只在吼叫時才予以回饋，會強化他的吼叫行為。父母與孩子溝通時，要做好孩子的榜樣，透過眼神、肢體動作、表情等非語言動作積極回饋，表示出對孩子的關注。

第三章　生活中的溝通：規則的建立和社會角色的認知

■ 青春期的「聽我的」■

「孩子突然像變了個人似的，越來越難管，以前很聽話的，現在經常對著做，可真難管啊。」這是很多青春期孩子父母的共同感悟。自己一手帶大的孩子從無話不談變得無話可談，孩子也不願意聽自己的。

青春期的孩子會從乖巧的狀態變得拒絕配合，甚至頂撞父母，這讓父母認為孩子在挑戰自己的權威，甚至怒吼「聽我的」！但這樣的壓制、控制，並不能與孩子建立良好的溝通，越想控制，他們越想逃離。

【溝通心理解讀】

青春期是發展「身分認同」的關鍵期，實現了身分認同的青少年至少有以下3方面體驗：一是感到自己是一個獨立的、獨特的、有自己個性的個體；二是自我本身是統一的，需要、動機、反應模式可以整合一致，具有童年發展而來的連續感和相同感；三是自己設想的「我」與覺察到的別人對自己的看法是一致的，並深信自己努力所追求的目標以及為了達到這個目標所採用的手段是社會所承認的。

解決身分認同的衝突是青春期孩子成長的重要任務，若孩子缺乏主見、尊重「權威」、缺少反思、較少焦慮，對傳統的價值觀感興趣，與父母的連繫比與同伴的連繫緊密，那麼

第三節　聽我的：規則？權威？尊重

這是青少年探求、實現身分認同過程中出現的失敗現象——「閉鎖認同」。這樣的孩子未來往往缺乏主見，容易盲從，不喜歡改變，無法應對挑戰。他們會透過迴避變化和壓力來獲取安全感，當遇到挫折時，他們更容易喪失目標和信心。

【父母該怎麼做】

青春期的叛逆是生理成熟、思維能力提高的表現，是孩子探索自我、建立身分認同的途徑。當孩子叛逆、不聽話、不配合、不溝通時，父母不要認為孩子是對自己威嚴的挑戰，要引導他們有自己的想法，對孩子探索自我的表現要加以肯定。

父母要和青春期的孩子以朋友的身分平等溝通，而不是用權威者的身分壓制他們必須服從於自己。父母對孩子的行為進行規定和要求時，要與孩子共同商量，充分考慮孩子的需要和想法，聽取並接受孩子的意見，並對制定的要求做出解釋，讓孩子主動遵守，而不是強制執行。

溝通良方

「聽我的」是父母樹立權威的表達，是孩子表達自我、宣誓獨立的方式，父母若一味地以權威者的身分與孩子溝通，壓制孩子想法的表達，對孩子的成長不利，也不利於親子關係的溝通。

第三章　生活中的溝通：規則的建立和社會角色的認知

　　嬰幼兒的第一個叛逆期，兒童的同伴關係建立期，青少年的青春叛逆期，都是孩子表達自我意識、拒絕服從的階段。父母需要遵從孩子的發展規律，降低對孩子的高標準、高期待，幫助孩子掌握基本的社交技能，讓孩子勇於表達自己的意見、勇於探索自我，培養孩子的獨立人格。

第四節　角色扮演：我也想當爸爸／媽媽

　　角色扮演是孩子透過想像，創造性地模仿現實生活的活動，它為孩子提供了模仿、再現人與人關係的機會，為他們形成良好的社會交往能力打下基礎。當孩子產生了在現實世界中無法得到的、無法滿足的願望時，他就會用角色扮演的方式，來使這個願望成真。

嬰幼兒期的角色扮演

　　幼兒從小就喜歡角色扮演遊戲，2 歲開始，她就開始有模有樣地哄懷裡的布娃娃睡覺，幫布娃娃餵飯，假裝自己是個溫柔的媽媽；她會戴著聽診器玩具認真地在絨毛小熊身上探來探去，給小熊餵藥、打針，假裝自己是個負責任的小醫生；她會拿著故事書和小棒子，站在家裡黑板前，面向對面排排坐的一群玩偶，假裝自己是正在講課的小老師；她會穿上媽媽的高跟鞋，背上媽媽的包，塗上媽媽的口紅，一副小大人的模樣，假裝自己是個忙碌的上班族。

■ 第三章　生活中的溝通：規則的建立和社會角色的認知 ■

【溝通心理解讀】

　　12 至 18 個月是「角色扮演」能力的萌芽期，很多孩子從 1 歲後開始會假裝做一個動作，如假裝自己在喝水、在吃飯、在睡覺等。18 至 24 個月大的孩子會利用玩具來進行一些簡單的扮演，但還停留在一兩個單一動作的層面，如用玩具假裝打電話。2 歲以後，大部分孩子的角色扮演不再是一個動作了，他們會把多個動作合併在一起，也就是我們所說的「開始有故事情節了」。30 至 36 個月大的孩子開始扮演一些日常中不那麼熟悉的情景了，如把自己當作醫生，給患者治病。

　　對孩子來說，事實與想像並沒有太大的區別，角色扮演能進一步激發孩子的想像力，促進右腦發展；模擬對話不僅能加深與媽媽的情感交流，還可以刺激孩子左腦的語言中樞；透過角色扮演遊戲，還能幫助孩子疏導壓力和害怕等情緒，為面對真實的情景做準備。

【父母該怎麼做】

　　父母可以嘗試帶著孩子一起玩，開始時在孩子面前演示一些最簡單的自我扮演動作，扮演動作簡單並且和孩子日常生活相關，讓孩子慢慢形成「扮演」的概念。同時，逐漸幫孩子準備合適的、孩子感興趣的角色扮演玩具，讓孩子能進行角色的模擬和扮演。

第四節　角色扮演：我也想當爸爸／媽媽

與孩子一起玩角色扮演時，多引導孩子豐富扮演的情景，充分發揮想像力，讓孩子充分描述情景內容。多帶孩子出門見識外面的世界，帶孩子去公園、逛博物館、去別人家玩耍等。這些新的生活體驗都可以成為角色扮演的素材。這就是最基本的「舉一反三」的能力，也能鍛鍊孩子的記憶力。

兒童期的角色扮演

兒童在進行角色扮演時，喜歡將自己化身為他們喜歡、崇拜的形象：超人、蜘蛛人、鹹蛋超人、白雪公主、芭比娃娃等，會用偶像的名字來為自己命名，學著那些形象的動作、語言，握著小拳頭對著空氣打壞蛋，模仿懲惡揚善的情節等。

從幼兒園放學回家後，小桐一直悶悶不樂，媽媽問小桐發生了什麼事情，小桐也一直不吭聲，吃完晚飯媽媽想起來小桐喜歡玩角色扮演遊戲，於是跟小桐模擬幼兒園的場景，由媽媽扮演小桐，小桐扮演老師。經過一輪扮演遊戲，媽媽知道了小桐不開心的緣由，原來上課時小桐不專心，離開座位與同學說話，被老師訓斥了幾句，還被罰站了。媽媽了解清楚緣由後，安撫了小桐，小桐的狀態終於好轉了。

【溝通心理解讀】

角色扮演遊戲能讓孩子學習「換位思考」，學習設計遊戲情景，學習如何堅持自己正當的權利，怎樣控制自己的言

第三章　生活中的溝通：規則的建立和社會角色的認知

行，以符合遊戲規則，這對孩子的想像力、觀察力、語言表達能力、思維能力和解決問題能力等的提升，都有很大的幫助。

孩子在經歷挫折、在學校被老師批評、與同學發生爭執時，難免情緒低落，問及緣由，有時也表達不清，而用角色扮演遊戲跟孩子一起還原當時的情景，孩子可以聲情並茂地還原情景，幫助父母了解孩子到底經歷了什麼。在還原情景的過程中，孩子的情緒得到了緩解，父母了解清楚緣由，也能幫助孩子調節情緒，走出挫折。

【父母該怎麼做】

角色扮演遊戲，是父母與孩子之間很好的溝通管道，父母平時可以抽出一些時間，陪孩子玩這類遊戲。根據孩子喜歡的角色，對故事情景進行改編，父母扮成故事中的角色，跟孩子一起對戲，將行為習慣、禮儀等包含在遊戲中，讓孩子透過角色扮演，收穫比平時講道理更好的效果。

與孩子多模擬上學的場景，可以幫助孩子克服上學的恐懼；與孩子一起扮演老師、學生的角色，可以幫助父母了解孩子在學校經歷的事情，幫助孩子走出挫折情景、緩解緊張情緒，引導孩子掌握上學的禮儀、行為規則、與同伴交往的技能，培養孩子的表達能力。

第四節　角色扮演：我也想當爸爸／媽媽

■ 青春期的角色扮演 ■

有些女孩在青春期時，喜歡扮演成男孩的樣子。她們厭惡自己的女性角色，喜歡模仿青春期男孩的壞毛病，如抽菸喝酒和拉幫結派。這些女孩會藉口說是因為那些男孩對她們感興趣，她們才模仿這些行為。青春期的男孩經常喜歡扮演一種聰明、勇敢和自信的男性角色，他們相信自己就是真正的、完善的男性，卻不面對自己的不成熟的現狀。

【溝通心理解讀】

對青春期女孩模仿男性角色的行為加以分析，就可以發現這些女孩從年幼時開始，便因為環境、家人的各種影響，討厭自己女性角色，轉而期待自己是一位男性，並認為因此可以受到更多關愛、滿足一些期待，到青春期，這種厭惡女性而對男性角色的偏愛表現得更加明顯。

對男孩教育中存在的缺陷和不足，也會在青春期暴露無遺。與男孩極端的女性化行為類似，有些男孩表現出極端的男性化，甚至將極端的惡習理解為男性的人格特徵。他們酗酒、縱慾，甚至僅僅為了表現和炫耀他們男子漢氣概而不惜犯罪。這些極端化的惡習需要正確引導。

【父母該怎麼做】

父母對於孩子的培養，需要重視男性角色、女性角色的

第三章　生活中的溝通：規則的建立和社會角色的認知

塑造，避免對孩子的過度控制和反向角色期待。有些重男輕女的家庭，會表現出對女孩的排斥，作為父母，要對孩子有所保護，引導孩子合理、正確地認知自身的角色，認知到自身角色的優越性。對於男孩，不給予過度期待和壓制，讓孩子形成合理的自我認知。

父母要做好孩子的榜樣，營造良好的家庭氛圍，擺正自己的角色，讓孩子理解男性角色、女性角色的正常狀態。要避免孩子因為嫌棄爸爸或想要保護媽媽，表現出與自己身分不符的角色扮演。

溝通良方

角色扮演是孩子成長、心理成熟、掌握社交技能必經的一種成長形式。透過角色扮演，孩子的語言表達能力、思維能力、想像力、問題的解決能力、行為習慣都得到提升，父母與孩子的親子關係也能得到改善。

從嬰幼兒期開始，父母便可以培養孩子的角色扮演能力，引導孩子如何進行角色扮演，和孩子一起創設角色情景，引導孩子扮演、表達；兒童期，家長可以讓孩子自己進行角色設計、制定遊戲規則、處理角色衝突，幫助角色進行情緒疏導；青春期，家長要幫助孩子正確認知自己的角色，處理角色和身分認同的衝突。

第五節　我們不一樣：性別意識的引導

孩子出生即有了自己的生物學性別，在成長過程中，逐漸獲得社會所認為的適合於男性或女性的價值、動機、性格特徵、情緒反應、言行舉止和態度。這個將生物學性別與社會對性別的要求融進個體的自我知覺和行為之中的過程是孩子區分性別角色或性別定型化的過程。

嬰幼兒期的性別教育

孩子在嬰幼兒期與媽媽連繫緊密，從 2 歲開始，孩子會觀察男生、女生的身體構造，幼兒對於男女的差異已有了朦朧的認知。

幼兒會在爸爸媽媽洗澡、換衣服時悄悄地想去觀察，有些父母會立刻拉著孩子離開，對孩子想要探求男女差異的行為一味地壓制，不知如何引導。

【溝通心理解讀】

性別的恆常性認知，經歷 3 個階段：2 至 3 歲是性別認同期，孩子能意識到不同的性別，知道自己是男生或女生，知道性別角色該有的活動和興趣；4 至 5 歲能掌握性別的穩

■ 第三章　生活中的溝通：規則的建立和社會角色的認知 ■

定性，知道人的性別不會隨年齡變化而變化，也知道與性別相關的心理特徵，比如，男孩要膽子大，女孩要文靜，可以撒嬌；6至7歲是掌握性別一致性的時期，孩子懂得人的性別不會隨服飾、形象或活動的改變而改變。

在孩子性別認知的敏感期，需要合理引導，若對女孩盲目進行男性化的養育，將男孩一味進行女性化的養育，孩子會出現性別角色的混亂，對自己的性別認同出現障礙；尤其到了青春期，孩子會出現自我認同混亂，對於自己的性別、行為方式都會出現認同障礙。

【父母該怎麼做】

父母在孩子2歲多，即在孩子性別的敏感期時，可以透過與孩子一起讀繪本、講故事引導孩子意識到男孩、女孩的差異，並結合孩子的日常生活，從服飾、玩具的選擇、遊戲方式等方面，對孩子進行培養。比如，女孩穿裙子，男孩穿褲子；女孩穿粉色，男孩穿藍色；女孩留長髮，男孩留短髮；女孩玩洋娃娃，男孩玩汽車、機器人。

父母在教孩子認識自己的身體構造的同時，也一定要告訴孩子，內衣、泳衣覆蓋的身體部位是非常重要的，除了自己的父母或者醫生，其他任何人都不能觸碰。如果有其他人碰了他們的隱私部位，一定要第一時間告訴父母。

第五節　我們不一樣：性別意識的引導

■ 兒童期的性別教育 ■

孩子經常會問父母這樣的問題,「媽媽,我是從哪裡來的?」有些父母會回答「你是從垃圾堆裡撿來的」,「你是從石頭裡蹦出來的」。有孩子會問:「我小時候在妳肚子裡,那是怎麼出來的?」媽媽回答「你是從胳肢窩裡拽出來的」等。這些迷惑性的回答,會讓孩子對自己的出生不能有一個明確的認知,對自己的身分產生懷疑,還會導致孩子為了尋求正確答案出現一些不良行為。

小明媽媽非常喜歡女孩,總是在各種場合說女孩好,比如,女孩文靜,女孩可以好好打扮,女孩溫柔,她也總是把小明打扮成女孩的樣子,給他穿裙子,綁辮子,買女孩辦家家酒的玩具。漸漸地,小明也表現得越來越像女孩,有時還要媽媽買裙子給他穿,他在學校也喜歡跟女生打成一片,老師們有時也覺得小明太像女生。

【溝通心理解讀】

孩子上學後經常受到世俗偏見的影響,比如,父母、老師總會在很多場合表達出女孩聽話、安靜、文雅,但腦袋不靈活、死讀書;男孩調皮搗蛋、好動,但腦袋靈活、聰明的話。孩子受到這些暗示,也會形成這樣的性別偏見,並逐漸趨於出現與這些說法一致的行為。父母對孩子培養的方式、

第三章　生活中的溝通：規則的建立和社會角色的認知

對孩子的期待等思想，都會慢慢灌輸給孩子，孩子為了討好父母，會表現出父母期待的樣子，長期如此，孩子會認為自己就該是這樣的表現，甚至會出現不符合性別角色的行為。

【父母該怎麼做】

若孩子好奇於自己的出生，父母要採用科學的解釋來引導，要認識到生命的來源是美好的，而不是羞恥的，要讓孩子能夠有客觀的認知，坦然接受自己。孩子從 5 歲開始，就要開始培養其獨立睡覺的能力，培養孩子的獨立人格；9 歲開始，孩子有了性意識，對於一些有性刺激的畫面應避免讓孩子看到，也要避免在孩子面前穿著過於暴露，以免對孩子產生影響。

異性家長要避免在孩子面前換衣服，帶孩子一起洗澡，帶孩子上廁所等。有些父母感情很好，會在孩子面前做出一些過於親密的舉動，這些表達愛意的親暱行為最好避開孩子。因為對性別意識模糊或者初建立的孩子來說，他會認為只要是自己喜歡的人，就可以用這種行為來表示，會讓孩子對性別意識缺乏界限感。

■ 青春期的性別教育 ■

青春期階段，孩子身上的「預言效應」表現得更為明顯。父母、老師對男女生學習失敗會有明顯的差異解釋，在女生考試較差、遇到困難時，容易歸結為女生學習能力較差，是智力

第五節　我們不一樣：性別意識的引導

問題；而在男生遇到同樣的問題時，則認為是學習動機的問題。受此觀念影響，女生會覺得自己學習不好是因為自己是女生，智力原本就比男生低，自暴自棄；而男生往往對老師的批評不在乎，相信自己有能力，並經過努力表現出期待的結果。

【溝通心理解讀】

13至18歲的孩子進入異性吸引期，渴望得到異性的喜歡與認可。他們會悄悄地關注異性，並進行調侃、討論，有一些新鮮和刺激的感覺。此時，男孩和女孩的表現都會有些拘謹，這是孩子走出家庭圈、認識異性的最初學習階段，他們逐漸會明確自己喜歡什麼樣的異性，並渴望愛情。

青春期的孩子激素分泌旺盛，對性充滿了好奇與衝動。如果發現孩子有自慰行為，不要大驚小怪，要合理溝通，避免孩子心理因為感到羞恥與罪惡，又控制不住自己，形成內心衝突，產生心理障礙。

【父母該怎麼做】

對孩子呈現坦然的、開放的態度，不要欺騙孩子，也不要迴避孩子的問題。引導孩子正確認識自己的身體，對生殖系統的生理解剖、對性安全和性衛生知識有一個科學的了解。青春期的孩子，從網路上、書上、學校裡，對於性已經有了一些了解，如果此時再告訴孩子錯誤的資訊，容易對他

第三章　生活中的溝通：規則的建立和社會角色的認知

們產生誤導，也讓孩子對父母不信任，產生溝通障礙。

正確看待男女差異和性關係。父母在回答所有關於性的問題時，應該強調愛與責任感在一段親密關係中的重要地位。

溝通良方

性別意識是從小就要對孩子進行教育、引導的，父母需要根據孩子成長的關鍵期，及時對孩子進行引導，讓孩子建立對自己的性別認同意識，認識到男女生的差異，了解性安全的知識。

幼兒 2 至 3 歲開始對性別敏感，父母需要把握這個關鍵期，讓孩子認識到男女的差異，對孩子的性別認知進行正面引導和認可；幫助孩子理解「男女有別」；對孩子強調對身體私密部位的保護；在兒童期，引導孩子發展他（她）的「男子氣」、「女子氣」，幫助孩子建立自己的性別認同，避免性別認同混亂；在青春期，引導孩子正確認識自己的身體，普及性安全和性衛生知識，讓自己成為孩子堅強的後盾。

對孩子的性別教育、性教育，不能成為家庭教育的盲點，父母需及時了解、補足相關知識，對孩子進行教育，幫助孩子早些掌握相關知識，避免孩子的盲目探索，加強孩子的自我保護意識。

第四章
學習中的溝通：
引導良好的學習習慣

■ 第四章　學習中的溝通：引導良好的學習習慣 ■

第一節　動機：學習內在驅動力的激發

　　學習動機是指引發與維持學生的學習行為，並使之指向一定學業目標的動力傾向，是推動學生進行學習的內部動力，包含學習需要和學習期待兩個成分。激發孩子的學習動機，是促使孩子保持學習動力的重要方面。

嬰幼兒期的學習動機

　　家裡有個小嬰兒，家也就變成了探險地。從孩子學會抓、握開始，他身邊的任何物品都會被他抓起來放到嘴裡，再拿出來看看，這個過程，是孩子探索未知世界的開始。一些有潔癖的父母，喜歡將孩子周圍的物品都清理乾淨，不讓他觸碰到任何可能有細菌的東西，殊不知，這卻阻礙了孩子的探索、阻礙了孩子好奇心的發展、阻礙了孩子探索世界。

　　孩子從學會表達開始，就成了「煩人的小妖精」。從醒來，就開始了每天的「為什麼」攻擊，剛開始，父母還有些耐心，一個個解答孩子的問題，但孩子無休止的「為什麼」循環，無法回答的父母，失去了耐心，一聲聲訓斥，便止住了孩子的繼續提問，也關上了孩子的好奇之門。

第一節　動機：學習內在驅動力的激發

【溝通心理解讀】

　　嬰幼兒的好奇心是學習最初的動力，是求知欲形成的關鍵。孩子從半歲左右就開始探索周圍的環境，透過看、摸、舔、咬、玩弄的方式，了解物品性質，還會用手、嘴探索自己的身體構造，透過探索了解新事物，促進觀察力、思維能力、想像力、記憶力的發展。

　　2歲左右，孩子形成物體恆存，喜歡「躲貓貓」的遊戲，找到「消失」的東西會十分欣喜，對一些未知的事物也會產生好奇。3歲左右，孩子的想像力發展趨於成熟，感興趣的內容也豐富很多，孩子會有很多「為什麼」。

【父母該怎麼做】

　　父母在孩子面前要表現出對生活環境的好奇心，激發孩子與自己一起探索。帶孩子出去散步時，能夠與孩子一起觀察花、草、太陽、月亮、流水、小魚等，表現出和孩子一起探索的興趣與願望，並能表現出由衷的開心。對孩子探索中可能遇到的危險，及時做到規避。避免用威脅、恐嚇的話語讓孩子對未知事物產生不必要的恐懼，培養良好的溝通習慣。

　　對於孩子提出的「十萬個為什麼」，不武斷回答，也不直接用「不知道」應付，要引導孩子思考並想辦法一同解決。

第四章　學習中的溝通：引導良好的學習習慣

對於孩子非常感興趣的內容，可以透過繪本、主題玩具的方式，滿足孩子的好奇心、探索欲。

兒童期的學習動機

小強三年級，這學期開學後的考試考得很不好，媽媽非常焦急，質問小強怎麼回事：「強強，你這次考試怎麼考成這樣？」小強理直氣壯地說：「媽媽，妳以前每次考試前都跟我說，這次考好了可以買玩具車或者機器人，這次妳又沒跟我說考好了可以買什麼，我就考不好了。」媽媽聽了非常生氣：「你學習是為我學的嗎？不買玩具就不學了？以後都不買了！」小強聽了非常委屈。

父母經常會跟孩子說：「你學習是為我學的嗎？」但若父母從小就對孩子的每次考試，都將物質獎勵作為鼓勵的方式，容易讓孩子形成「學習好可以買東西」的預設。長期如此，物質獎勵成了學習的驅動力，弱化了孩子對學習本身的樂趣。孩子的學習狀態，與是否有物質獎勵、物質獎勵是否誘人直接相關，導致缺少學習的內在驅動力。

【溝通心理解讀】

玩具、衣服、旅遊，這些相比於學習，更容易讓孩子開心，父母將學習與這些建立連繫，短時間內可以讓孩子有更

第一節　動機：學習內在驅動力的激發

強的學習動力。但若長期如此，每次考試都給獎勵，孩子就會為了獎勵而學習，難以從學習本身找到樂趣、找到動力。孩子克服學習困難，取得成功，所獲得的喜悅比獲得獎勵更重要。

實踐證明，成就動機越強，成就需要的層次越高，對孩子學習和成才的推動作用就越大。激發成就動機的核心是使孩子獲得學習成功的體驗。成就動機高的人希望獲得成功，失敗時，會加倍努力，直至成功，他們具有更飽滿的學習熱情、更堅強的學習毅力以及更高的學習自覺性。

【父母該怎麼做】

父母在平時與孩子制定學習目標時，應避免將學習與外部獎勵建立直接的連繫。偶爾的獎勵強化，對孩子持續低迷的學習狀態有效，但若孩子本身學習狀態比較高亢，能從學習中體會到樂趣，就要避免使用物質獎勵，因為這樣反而會弱化孩子的學習動力。

父母要對孩子有積極的期望與具體、合適的要求，為孩子創造多方面成功的機會，讓他們在學習活動中透過成功地完成學習任務、解決困難來體驗和認知自己的能力，感受到學習成功的喜悅。

第四章　學習中的溝通：引導良好的學習習慣

青春期的學習動機

小華是一名國三的學生，父母在外地上班，之前成績都還不錯，與同學玩得也挺好，但是最近成績下滑得很厲害，上課也經常不聽。老師問他為什麼不好好學習，這樣的狀態怎麼考高中，以後怎麼考大學時，小華卻說：「我不想上學了，我兩個好朋友都已經出去打工賺錢了，爸媽說現在好多大學生都找不到工作，我準備畢業就出去上班，還能賺錢。」經不住外界誘惑是常見的影響青春期學習動機的情形之一。

青春期的學生受身體激素的影響，會尋求異性的注意，而在學校獲得異性注意的最常見方式除了言行舉止特立獨行，就是學習和運動。有些中學生，為了讓自己喜歡的異性注意自己，會努力學習，讓自己變得優異，這是青春期學生最常見的學習動力之一。

【溝通心理解讀】

青春期的孩子，缺乏遠大理想和人生目標時，就沒有了學習的內在驅動力。面對難度日益增加的中學課程，缺少了持續奮鬥的動力，便很難堅持下去。因此在面對外界環境的誘惑吸引時，容易受環境影響，放棄學習。

成就目標定向理論將學習動機分為兩類：學習型動機和表現型動機。學習型動機是把學習當學習，目標是學習的內

第一節　動機：學習內在驅動力的激發

容，興趣在知識本身；而表現型動機是把學習作為獲得關注的方式，表現趨向型的孩子會不顧後果地尋求關注，會克服困難、努力學習，表現迴避型的孩子會因為怕丟臉謹慎選擇任務，甚至為了避免關注而不敢挑戰。學習型動機和表現型兩種動機類型都可以激發青少年更加努力學習。

【父母該怎麼做】

幫助孩子找尋自己的夢想，讓他能夠見識寬廣的世界，對未來有自己的規劃，用夢想的力量引匯出孩子自主奮鬥的力量，激勵孩子努力。

青春期的孩子普遍會出現尋求異性關注的行為，父母不必因為怕孩子早戀而反應過於強烈，可以用朋友的身分進行恰當的引導，用自己或者前輩曾經用學習成功俘獲芳心的案例啟迪孩子，讓孩子能夠以更佳的姿態贏得關注，為了雙方更美好的未來而努力學習。

溝通良方

讓孩子能夠維持持續學習動力的關鍵是幫助孩子從學習中獲得樂趣，滿足好奇心、求知欲，獲得成功體驗，形成學習的內在驅動力。

從嬰幼兒期就要開始培養孩子的好奇心，引導孩子自我

第四章　學習中的溝通：引導良好的學習習慣

探索解決問題，感受學習的樂趣；兒童期的孩子會為了父母、師長的讚許而努力學習，此時父母或師長需要及時給予肯定、讚許，引導孩子從解決難題中獲得成功的體驗，激發孩子學習的內在驅動力；青春期的孩子為了獲得同伴、異性的關注而努力學習，此時不能一味地壓制，需循循善誘，幫助他們找到自己的夢想，為他們樹立可以追逐的榜樣，讓夢想的力量激勵自己不斷努力！

第二節　畏難：放棄還是堅持

畏難情緒是學生在學習過程中常見的一種心理現象，是指在遇到某種困難或者難題時，找各種理由和藉口逃避、退縮、拖延，進而在心理上產生負面情緒的現象。當孩子有了畏難情緒，便失去了對該學科的興趣和積極主動性，不管是否會做，都會從心理反射出一種消極的心理暗示。學習處於被動狀態，學習的品質和效率也顯著地降低。

嬰幼兒期的畏難

小澤3歲時，媽媽帶他去附近的跆拳道館玩，媽媽聽說跟小澤差不多大的孩子都在學跆拳道，希望他看一看、體驗後報名。經過了一段時間的觀察，小澤加入了訓練的團隊進行體驗，但10分鐘後他就出來說要去廁所小便，回來後卻不願意再加入隊伍體驗，媽媽問他是否也想來學，小澤說他不想，媽媽就此作罷。

過了將近一年，有一次小澤陪他的好朋友去跆拳道館學習，教練問他是否想體驗，他立刻點頭進去了。媽媽來接他時，他興奮地跟媽媽說：「媽媽，我要學跆拳道，剛才在裡面

第四章　學習中的溝通：引導良好的學習習慣

上課時,我想小便,一直忍著,厲害吧!你幫我報名吧!我也想來學!」從那之後小澤的跆拳道課一次都沒缺席,每次都很積極。

【溝通心理解讀】

畏難是人類自我保護的本能反應,是對潛在危險和不可控風險的應激反應。孩子對某些學習內容存在害怕或恐懼時,逼迫反而加重孩子的恐懼和反感。耐心等待,孩子的成長有一個過程,等孩子再成長一段時間,身體素質和心理素養都有所成長,沒有了畏難情緒時,孩子可以輕鬆選擇,他自己也會有學習的興趣。

如果父母總是在孩子面前抱怨工作的困難,抱怨不想上班,孩子也會受父母負面情緒的影響,也會不想上學,孩子會學著父母面對困難的態度去應對生活。

【父母該怎麼做】

有些學習內容不太適合較低年齡階段的孩子的,不必強迫,等孩子的身心再成熟一些,幫孩子創造更多正面體驗的機會,晚些學也沒關係,等他能從學習中找到樂趣,再遇到困難時自己也會主動克服。

父母做好孩子的榜樣,當我們在生活和工作中遇到困難時,積極地應對、冷靜地處理、不逃避、不抱怨,從容、淡

定地解決問題。孩子在遇到困難時也會學著父母克服困難的狀態，學習父母的堅持和毅力。

兒童期的畏難

「這些題目都做不出來，太笨了吧！」父母不經意的一個訓斥，在孩子的心中可能就會埋下自我否定的種子，認為自己是「笨」的，對於困難也不敢去面對。如果換種方式，父母看到的不只是孩子的結果，看到的是孩子在遇到難題時仔細分析、解決的過程，並予以讚賞、鼓勵，當孩子再面對困難時會更願意去解決。

孩子每一次面對困難、取得進步時，都能帶來喜悅，當孩子遇到難題退縮時，若能回憶起自己曾經成功的經歷，找回自信，也會更從容地面對困難。

【溝通心理解讀】

孩子逃避困難是因為困難使他們不快樂，如果面對困難他們得到的心理回饋是正面的，他們就不會輕易逃避困難。有一些人很喜歡迎接挑戰，因為他們經常能從困難中獲得正面回饋，獲得成就感、自豪感。

學習只是孩子成長過程中的一個階段。學習的目的也不是為了試卷上那個數字，而是讓孩子獲取一些基礎的知識，

第四章　學習中的溝通：引導良好的學習習慣

培養他的學習習慣、學習態度，培養孩子自主解決問題的思維能力及克服困難的毅力。

【父母該怎麼做】

父母要了解自己的孩子，量力而行。不要逼迫孩子做他根本辦不到的事情。不要總是把成績、分數放在第一位，用數字衡量孩子的學習，甚至誇大孩子未來的困難。在面對孩子成績不好、出現畏難情緒時，先要調整好自己的情緒，接受孩子的不足和不完美；充分關心孩子的狀態、關心孩子的情緒、了解孩子的想法、了解孩子覺得困難的是什麼，找到關鍵點，耐心引導孩子，找到學習方法；幫助孩子確定清晰的學習小目標，及時鼓勵，幫助他們找回自信，逐步解決困難。

增強面對困難時的積極回饋。每一次嘗試、每一次挑戰、每一次克服困難，都給予孩子積極的正面鼓勵，在他們面對困難時，多說一些「我相信你」、「我在你身邊」、「即使失敗也沒關係」、「嘗試了就很棒」等話語。鼓勵孩子勇於克服困難，避免將不能完成的懲罰掛在嘴上，因為這樣會加深孩子的焦慮，不利於培養孩子面對困難、解決困難的能力。

第二節　畏難：放棄還是堅持

■ 青春期的畏難 ■

上國中後，理科課程的學習難度增加，尤其從國二開始新增物理，國三又增加化學。在父母、老師「女孩的理科思維沒有男孩好」、「女生到國二後成績就會掉下來的」、「女孩沒有男孩聰明，男孩後勁大」、「女生數學都學不好，物理、化學一定也學不好的」的言語薰陶下，有一批女生，尤其是原本數學不太好的孩子，就會產生自暴自棄的想法，覺得反正自己學不好、乾脆不學了。

考試沒考好的，有的會歸因於外部原因：「考試那天淋了雨，不舒服，沒發揮好」，「這次考試試題太偏，大家都沒考好」；有的會歸結於自身原因「又考這麼差，我是學不好的」。經常幫自己的失敗找外部原因的孩子，較為樂觀，但會影響對失敗的深入分析；習慣於將失敗歸因於自身的孩子，容易喪失信心，較為悲觀，更容易產生畏難情緒。

【溝通心理解讀】

孩子的學習狀態若用畫圈來表示的話，可以分為 3 個圈：最裡面一圈為「舒適區」，對應於不存在困難的學習內容，學起來很輕鬆；中間一圈為「學習區」，學習會有一定的挑戰，因此會感到有點焦慮，但是處於「跳一跳，能構著」的狀態；最外面一圈為「恐慌區」，超出能力範圍太多，學習過於吃

第四章　學習中的溝通：引導良好的學習習慣

力，產生了恐慌感。

把成功歸因於內因，即自身的努力和能力；把失敗歸於外因，即運氣、任務難度，可以保護孩子的自尊，保持自信，鼓勵下一次繼續努力；反之，若經常將失敗歸結於能力較差，會讓孩子產生內疚感和無助感，不利於學習的堅持。

【父母該怎麼做】

青少年的學業內容範圍逐漸擴大、難度逐漸加深，如果孩子面對的是恐慌區的學習內容，長期處於過度焦慮狀態，也不利於進一步學習。父母應先調整自己焦慮的狀態，幫助孩子稍微停一停，做一些準備和鋪陳訓練，循序漸進中，引導孩子進行合適的自我歸因，建立自信。

讓孩子看到方法的重要性。也許隨著孩子年齡的增長，我們無法輔導孩子的作業，但是我們能陪伴孩子尋找解決問題的辦法，讓孩子掌握處理困難的方法，才是最重要的。同時，幫助孩子樹立一個足夠堅定的目標，這個目標必須非常清晰，能夠推著你一往無前，並用平等的、成熟的態度去引導。

溝通良方

畏難情緒是成長過程中都會存在的狀態，從嬰幼兒期對未知的恐懼，到兒童期面對困難的畏懼，到青春期遇到困難

第二節 畏難:放棄還是堅持

的自暴自棄。面對這些,父母首先要調整好心態,避免過於著急,將焦慮的狀態傳染給孩子,要勇於解決生活、工作中的困難,做好孩子的榜樣。幫助孩子增強面對困難的勇氣,引導孩子形成克服困難的自信、掌握克服困難的方法,當孩子取得成功時,及時鼓勵。

多鼓勵你獨一無二的孩子,讓他勇敢地去迎接挑戰,告訴他你永遠會站在他身邊支持他,相信他可以變得更好、更出色。

第四章　學習中的溝通：引導良好的學習習慣

第三節　拖延：半夜睡覺因為作業多

拖延成為現在困擾很多成人的「壞習慣」，明明知道有些事應該立刻去做，但總是沒到最後一刻不做完。父母深知拖延帶來的緊張、焦慮，看著孩子吃飯、學習、寫作業拖延，就會十分急躁，對孩子催促、訓斥，希望能逼迫孩子改掉拖延的習慣。

嬰幼兒期的拖延

3歲的小丘，每天做什麼事都比較磨蹭，洗臉時手放水盆裡，很長時間都不動，父母批評時，孩子解釋道：「慢慢洗，才能洗乾淨啊。」吃飯時小丘也吃得十分慢，經常食物先拿在手裡看一下，再在嘴裡含一下，嚼了好久，一口飯才吃完，每次大家都吃完飯很久，她才吃完，父母經常訓斥她吃飯太慢，有時直接奪過孩子的湯匙餵。

父母們坐在一起聊天時，發現孩子之間存在巨大的差異。有些孩子天生急性子，成長得快，做什麼都比較心急；有些孩子天生慢性子，都是在慢慢地探索，做什麼都比別人晚一步。

第三節 拖延：半夜睡覺因為作業多

【溝通心理解讀】

拖延磨蹭，幾乎是 3 歲前的孩子都會發生的事，處於該階段的嬰幼兒還處於感知、體驗世界的階段，他們還沒有建立時間觀念，都是在感受著過程：視覺、觸覺、味覺，都有什麼新奇的體驗，感受水流在皮膚的感覺，觀察不同食物的顏色、形狀，感受食物的不同味覺，感受咀嚼和下嚥的過程，這些新奇的體驗也是孩子探索、學習的過程。

孩子天生的性格有很大差異，但每種性格都有優勢。慢性子的習得較慢，但相對謹慎小心；急性子的習得較快，但會缺乏耐心、謹慎。

【父母該怎麼做】

孩子 3 歲之前，要允許孩子在家裡嘗試做各種事情，透過一次又一次的嘗試，他們在這個過程中還會與父母分享他們「新奇」的感受，父母需耐住性子，與孩子共同體驗這份探索和感知的過程帶來的樂趣。有了充分的體驗，再培養行為的習慣。吃飯、穿衣，盡量讓孩子自己去做，相信他可以做好，如果父母著急催促，甚至代替孩子去做，孩子就失去了體驗和成長的機會，父母的訓斥和施壓會給孩子帶來更大的壓力，磨蹭的情況反而會越來越嚴重。

對於孩子表現出來的行為、性格的差異，父母要避免將

第四章　學習中的溝通：引導良好的學習習慣

與其他孩子比較帶來的焦慮與壓力波及孩子，應無條件地接納自己的孩子，善於發現孩子身上的優點。尤其是對慢熱型的孩子，父母要有更多的耐心，給予他們鼓勵和讚美。

兒童期的拖延

四年級的小燕最近學習拖延的情況非常嚴重，寫作業時經常一會兒出來喝水、一會兒上廁所、一會兒玩筆、一會兒玩橡皮擦，作業一直拖到要睡覺才寫完。媽媽在旁邊訓斥，急得都要打她。令媽媽苦惱的是，以前小燕放學回來寫作業不是這樣的。

之前小燕放學回來寫完作業，媽媽都會讓她出去跟小朋友玩一玩。自從到了四年級，媽媽聽說這是孩子學習的分水嶺，便剝奪了小燕放學出去玩的時間，即便寫完作業也不讓她出去玩，要繼續待在家裡學習，做習題。小燕發現無論多快完成作業、寫完媽媽交代的習題，總還會有更多的習題等著自己，乾脆就開始了拖延模式──邊寫邊玩，拖到睡覺時間才寫完。而媽媽發現小燕寫作業拖延，就在旁邊督促她，以及時不時地怒吼、訓斥，小燕一直處於高度緊張狀態，反應越來越遲鈍，作業寫得慢也錯得多，出現了惡性循環。

第三節　拖延：半夜睡覺因為作業多

【溝通心理解讀】

　　玩耍對於兒童期的孩子來說，既是休息，也是獎勵。如果孩子在學習任務達成後，能夠及時得到玩耍的權利，他的大腦就會形成「盡快完成作業，可以玩耍」這樣一套獎勵機制。不用父母催促、輔導作業，他們自己就會有動力自覺地去完成，逐漸地形成盡快完成作業的習慣。

　　在父母管教過於嚴厲的情況下，孩子會產生牴觸甚至對抗的情緒，有時即使是能很快完成的作業，也會故意拖延，父母越催促，孩子完成得越慢。產生了對抗情緒的孩子，被父母的威嚇、催促消耗了積極主動的內在動力，這種對抗情緒成了孩子成長的最大阻力。

【父母該怎麼做】

　　孩子在學習時，父母可以自己在旁邊看書、學習，避免對孩子過於強勢、精細的管教，要充分地尊重孩子，聽聽孩子的聲音，讓孩子自己決定學習的速度，並逐漸養成自主學習的習慣，避免頻繁的催促、訓斥，做與孩子一起學習的夥伴，給予孩子及時肯定和鼓勵。

　　讓孩子在腦海中形成一套對學習的正面獎勵機制，讓他們在面對學習任務時能夠幹勁十足，而不是經常啟用孩子的牴觸情緒，拿出「拖延大法」應對。

第四章　學習中的溝通：引導良好的學習習慣

青春期的拖延

青春期的孩子掌握了很多了解各種資訊的途徑，如書本、手機、電腦、網路。各種資訊的瀏覽、網路聊天、網路遊戲，不知不覺就花費了孩子的很多時間。學習一旦成了這些活動中最乏味的事情，孩子的學習就非常容易拖延。

缺少目標、缺少及時的鼓勵，孩子就容易產生惰性。若當天的任務未及時完成也沒有什麼大影響，一次是僥倖，多次就成了習慣。父母、師長若經常以負面的評價訓斥孩子，孩子也容易自暴自棄，不願意改變當前的狀態——「反正在你們眼裡，我就是拖延、完成不了的」。

【溝通心理解讀】

眾多活動中，哪一項最有樂趣，最容易吸引孩子的興趣，也最容易堅持。若孩子能從學習中找到樂趣，找到解決問題帶來的快感，也就會減少拖延。

加拿大心理學教授皮爾斯（Piers Steel）總結出導致拖延的4個因素：一是缺乏信心，當孩子缺乏信心，覺得當前的任務困難，自己一時完成不了就會拖延；二是動力喪失，當前的任務太乏味、無聊，又沒有正向的激勵，難以堅持完成；三是容易分心，桌子上放了鏡子、雜書、平板、作業，一會兒看看這，一會兒玩玩那，最終導致啥也沒完成；四是回報遙遠，當前的努力不能看到及時的回報，便形成了拖延。

第三節　拖延：半夜睡覺因為作業多

【父母該怎麼做】

孩子學習時，盡量避免引起孩子分心的因素產生，比如，在孩子學習時，父母避免在孩子面前玩手機、看電視、大聲談論。在孩子的書桌上盡量避免擺放讓其分心的物品，如化妝品、遊戲機、漫畫書、雜誌、手機等，養成專心的習慣。

父母要對孩子進行積極關注，以肯定的、讚賞的態度培養孩子，發現孩子偶爾沒有拖延的情況時，給予及時的肯定、鼓勵，逐漸讓孩子養成不拖延的學習習慣。此外，幫助孩子從學習中找到樂趣，讓孩子用學習的樂趣激勵自己投入學習。同時，和孩子一起制定階段性的學習目標，讓孩子從不斷實現目標的快樂中，堅持努力。

溝通良方

拖延是成人、孩子都會出現的情況，父母首先要做好孩子的榜樣，及時完成工作、兌現與孩子的承諾，不為自己找藉口，當日事當日畢，做好榜樣示範。

孩子每個年齡階段的成長節奏、心理需求不一樣，拖延的成因也有所區別。嬰幼兒期，孩子的拖延是為了充分地體驗、感知生活，是學習的過程，父母需要有充分的耐心，給孩子的成長留有空間；兒童期的孩子需要及時的正面回饋和

■ 第四章　學習中的溝通：引導良好的學習習慣 ■

激勵，父母需要給孩子休息的時間，讓孩子用玩耍激勵自己盡快完成作業；青春期的孩子有很多分心的要素，缺乏動力支撐，父母需要和孩子一起整理桌面，理清學習的小目標，及時給予鼓勵、支持。

打敗拖延，和孩子一起，從今天、現在就開始行動。

第四節　成績：第一名才最棒

成績一直是老師、父母、學生關注的重點。因為成績，多少家庭發生爭執，多少孩子被痛斥；也因為成績，出現了多少極端的案例。焦慮的孩子背後，往往都是焦慮的父母。若一味強調考試成績的唯一性，而忘了提醒孩子「條條大路通羅馬」，那麼吃虧的，也將會是孩子。一位大學校長曾經說過：「決定孩子一生的，不是分數，而是健全的人格修養。」

嬰幼兒期的成績

39歲的秦老師，她對兒子的標準永遠是100分。有時孩子考了98分，秦老師都要訓斥：「我班上的孩子一半都考了100分，你為什麼考不到？」秦老師覺得自己太失敗，患上了嚴重的憂鬱症。

孩子嬰幼兒期，甚至剛出生時，很多父母就幫孩子規劃好了未來，將來讀什麼大學、念哪個高中、在哪個學區買房，從小就灌輸孩子學習是頭等大事的思想，報名各種才藝班，孩子從小就得為成績而奮鬥。

第四章　學習中的溝通：引導良好的學習習慣

【溝通心理解讀】

每個孩子都有自己的發展過程，他在某個年齡階段該領悟什麼樣的問題，其實是固定的，你沒辦法強求，過分的人為干涉只會毀了他。嚴厲的、過於控制的紀律管理並不能幫助孩子養成愛學習的好習慣，反而是父母溫暖的、對孩子及時的關愛和鼓勵，更有利於孩子自控能力、自我調節能力的發展。

嬰幼兒期，父母對孩子的用心陪伴，與孩子一起遊戲、讀書，能夠幫助孩子建立安全的依附關係，有利於雙方的親子溝通，也有利於培養孩子的溝通能力、想像力、思維能力，對嬰幼兒的智力發展、情緒自控都有長期的好處，可以提高孩子的自控力，為學習打下基礎。

【父母該怎麼做】

嬰幼兒期，是孩子感知、探索、成長的時期，父母需要讓孩子有充分的生活體驗，讓孩子建立安全的依戀，與孩子建立良好的親子關係，營造良好的家庭氛圍，過早地灌輸學習的重要性，反而會壓制孩子學習，不利於孩子的成長。接納孩子的現狀，要知道每個孩子都有適合自己發展的路徑，對孩子抱有信心。

每天抽出時間和孩子一起做遊戲、讀繪本、做家務，在輕鬆、愉快的氛圍中，與孩子積極溝通，讓孩子設定遊戲的情景

第四節　成績：第一名才最棒

與規則，與孩子討論故事的人物、情節，讓孩子講述故事的內容，培養孩子的想像力、記憶力、思維能力和溝通能力。

兒童期的成績

父母圈普遍有一個這樣的觀念：「父母把家務做好，幫孩子做好完備的後勤工作，孩子只要學習就行。」有調查顯示，美國小學生平均每天勞動時間為 1.2 小時，韓國為 0.7 小時，但亞洲小學生平均每天僅勞動 12 分鐘，自理能力缺失、勞動意識淡薄的現象普遍存在。哈佛大學一項研究發現，愛做家務與不愛做家務的孩子相比，成年之後的就業率為 15：1，犯罪率為 1：10。愛做家務的孩子，擁有更高的心理健康指數和家庭幸福指數，在學業上，往往表現得更加優異。

很多父母能夠輕而易舉地接受自己和別人的差距，卻始終無法接受自己家孩子與別人家孩子的差距。父母對孩子學業的期待，是否能以合適的方式引導孩子，幫助孩子建立持久的自信、形成良好的學習習慣，對孩子的整個學業過程都會產生影響。

【溝通心理解讀】

孩子的教育是一場長跑比賽，而跑道的長度是孩子的一生。要想取得長跑比賽的勝利，不需要途中每一個階段都跑

第四章　學習中的溝通：引導良好的學習習慣

在前面。若父母無法接納孩子的現狀，表現得過於焦慮、失望，孩子也會對自己失去信心，越來越灰心無助。

兒童期是孩子學業的起點，孩子對自己的學習能力有信心，有良好的學習習慣，有較強的自主學習能力和自控力，是培養學齡期兒童的關鍵。

兒童是透過動作來發展思維的，經常動手更有利於大腦的發育。孩子在做家務的過程中，促進了眼、手、肢體協調能力的發展，孩子的動手能力增強了，思維也會更加敏捷。會幫助父母做家務、幫助父母承擔的孩子，更容易理解父母的辛苦，懂得責任與分擔，會更理解父母的愛，與父母溝通得也會更順暢。

【父母該怎麼做】

父母要能夠以冷靜、積極的態度陪伴、引導、幫助孩子學習。在輔導孩子作業時，避免對孩子進行否定和批判。要給予孩子積極的鼓勵和稱讚，可以幫助孩子建立學習的自信心。在孩子遇到困難、挫折時，引導孩子積極地解決，引導孩子掌握自主解決困難的能力。

父母要捨棄「孩子只要學習就行」的觀念，要讓孩子學會分擔家務，讓孩子在家務中得到鍛鍊。在指導孩子做家務時，傳授孩子家務的技能、講述工作的心得、傳授勞動的技

巧，能拉近親子距離，讓孩子形成與家庭成員共同承擔家庭事務的觀念，從而培養孩子的責任心和自理能力，這樣的過程不僅不會耽誤孩子的學習，反而對提高成績有利。

青春期的成績

英子的成績一直穩居年級前列，她媽媽對她的飲食起居、考試模擬都安排得很全面，也非常希望英子能按她的想法順利考試，進入理想的大學。但面對媽媽一次又一次的強大壓力和對她心理狀態的疏忽，英子最終因考試不能選自己喜歡的科系而爆發，甚至患上了憂鬱症。

這樣的案例，生活中也有很多，父母的唯成績論帶給孩子巨大的壓力，孩子成績一旦有點退步，就立刻大發脾氣，甚至對孩子恐嚇道：「考不上 ×× 學校，就去撿回收養活自己。」父母還將自己的焦慮、緊張情緒傳染給孩子，每天監督孩子的學習，禁止孩子看課外書，甚至取消孩子的一切課外活動，防止耽誤課內學業。

【溝通心理解讀】

孩子進入國中後，學習內容、學習方法都要改變，有些孩子跟不上節奏，感覺困難重重，對自己沒有信心，連續幾次的挫敗，若加上父母的否定、批判，會更沒有自信。將孩

第四章　學習中的溝通：引導良好的學習習慣

子的考試成績直接與未來掛鉤，會讓孩子對考試異常焦慮。

國中階段孩子成績出現差異或明顯落後的現象，最主要的原因是思維模式和學習習慣出現了問題。國中階段的學習經歷了由「形象思維」為主，變成「抽象（邏輯）思維」為主的時期，孩子若還按照小學的思維模式學習，容易掉隊。

【父母該怎麼做】

作為父母，首先要調整好自己的狀態，為孩子營造和諧、輕鬆的學習氛圍，不能將自己的願望和對未來的期待強加在孩子身上。與其將自己的焦慮傳染給孩子，不如鼓勵他、告訴他：只要足夠盡力就好，實在不行就接受最差的結果，人生之長，不僅僅在這一處。

引導孩子多看、多提問、多思考，而不是止於看會、死記硬背。注重孩子知識面的累積，如閱讀知識書籍、參加課外實踐都是幫助孩子進行課外累積的方式。注重培養孩子的意志力、毅力和良好的學習習慣。

溝通良方

成績，是父母關注的重點，也是很多親子關係破裂的根源。父母需要合理看待孩子的成績，切勿將自己的願望灌輸給孩子，接納孩子的現狀，給予孩子積極的引導、鼓勵和支持。

第四節　成績：第一名才最棒

　　成績是一個綜合展現，有時它不只是一個數字，不僅僅考查孩子對知識的掌握，更是孩子能力、習慣、心理狀態的綜合反映，父母需要因此關注孩子的全面成長。嬰幼兒期給孩子充分的成長、體驗空間；兒童期幫助孩子建立自信心、培養良好的學習習慣；青春期幫助孩子克服焦慮、引導思維訓練、培養意志力。

　　釋放壓力，緩解焦慮，相信孩子！

■ 第四章 學習中的溝通：引導良好的學習習慣 ■

第五節　厭學：除了學習，別無他路

　　孩子在學習的過程中，遇到困難時會產生受挫心理，如果父母不能引導孩子渡過難關，孩子容易產生厭學情緒。輕度厭學主要表現為不喜歡學習，對學習有牴觸情緒；中度厭學已將思想上的牴觸付諸行動，不聽、不學、遲到、曠課，人際關係也隨之出現問題；重度厭學由思想和行動發展到了心理問題，對學習充滿了恐懼，孩子心理上十分自卑，不願再回到學校，不敢面對老師、同學，最終導致休學或退學。

■ 嬰幼兒期的厭學

　　孩子出生後，每天都在學習、探索，對什麼都饒有興致，在沒有督促、沒有逼迫的情況下，孩子還不停地問「這是什麼」、「為什麼」，滿滿的好奇心、求知欲。面對「好奇寶寶」，媽媽很開心地解答，雖然有時也會不耐煩，但這個「學習」的過程，父母、孩子都是開心的。

　　不知從什麼時候開始，父母開始逼迫孩子安靜地坐著寫字、畫畫、練琴，認為這些才稱作學習，孩子沒有安靜地坐著學，就是「厭學」。焦慮的父母越來越重視孩子的學前教

第五節　厭學：除了學習，別無他路

育，希望自己的孩子贏在起跑線上，於是抓住一切機會為孩子輸入知識。

【溝通心理解讀】

嬰幼兒受認知能力的限制，尚不知道什麼是學習。他們的選擇很簡單：什麼能帶給他快樂，他就喜歡什麼；什麼帶給他痛苦，他就厭惡什麼。一旦對學習產生厭惡，這種體驗將伴隨著他進入小學，帶給他一系列學習困擾和不良習慣，影響以後的學業和身心健康。

超前學習，從心理學的角度看其實是違背了孩子的內在發展規律，是壓抑和不信任孩子本身的學習能力，扼殺了孩子的天性，剝奪了孩子的快樂。孩子抗拒學習，也因為父母總是在逼迫孩子學習、營造壓迫的氛圍，孩子覺得父母只看到學習的內容，看不到自己，不關心自己，從而產生叛逆、厭惡心理。

【父母該怎麼做】

將孩子的學習內容融入遊戲。在玩中學，孩子享受遊戲樂趣的同時，學到了知識，也不會產生厭煩的心理。設定遊戲任務，設定時限、目標、挑戰、獎勵，孩子完成任務時，及時給予獎勵，能讓孩子體會到學習也是有趣的。

給孩子制定學習要求、學習目標，要符合孩子的身心發

第四章　學習中的溝通：引導良好的學習習慣

展規律，要避免高壓、超前、過重、過難的任務讓孩子過早體驗學習的枯燥而受挫，還給孩子快樂成長的時光。

▎兒童期的厭學

現在的父母，幾乎所有的下班時間、週末時間都耗在孩子身上。陪孩子學習，如同監工，看孩子寫作業時稍微錯一點，就怒吼大叫，訓斥孩子擦掉，孩子的注意力得不到持續集中，對自己沒有信心，還始終處於緊張狀態中。孩子週末的時間除了要完成老師交代的作業，還排滿了補習班，如數學班、英語班、程式設計班、寫作班、書法班……父母努力育兒，將所有的心血、時間、精力都傾注在孩子的教育上，不僅要上名校、考高分，還要興趣特長全面發展。

父母的高期待、高標準和事事監管，讓孩子得不到肯定和鼓勵，感到疲乏、自卑、壓抑，無法從學習中體驗到樂趣，逐漸對學習產生厭惡、抗拒。父母對孩子嚴密地監管會導致孩子事事依賴父母，自理能力、應對挫折的能力都得不到發展，遇到困難以為父母能解決。

【溝通心理解讀】

蘇霍姆林斯基（Vasyl Sukhomlynsky）說：「兒童的心靈是敏感的，它是為了接受一切好的東西而敞開的。」在教育孩

第五節　厭學：除了學習，別無他路

子時，如果總是針對他不好的行為，打壓他、羞辱他，那麼他所有的缺點都會因此被放大，他敏感的心就會對這些美好的東西關閉，對自己喪失信心、對學習喪失信心、對未來喪失信心。

孩子之所以有厭學的心理，主要是因為壓力太大，不管是學校施加的壓力，還是父母施加的壓力，還是自己給的壓力，或者環境造成的。只要壓力無法排解、調節，就難以集中精力學習，產生厭學情緒。父母過度的監管和保護，也讓孩子喪失了自己克服困難、面對挫折的能力，面對學業困難會嚴重受挫，最後乾脆放棄。

【父母該怎麼做】

在處理孩子厭學的問題上，父母首先要克服焦慮。很多父母三句話離不開考試，月考完了，就說期中考試，期中考試結束了，又說期末考試，這實際上就是在製造一種焦慮氛圍，無形中在給孩子施壓，讓孩子感到厭煩。父母對孩子的期望值是可以根據孩子的表現調節，要能及時根據孩子的實際情況做出調整。

不管孩子的成績是好還是差，都要坦然地接受。成績好的孩子以後上名牌大學，找個待遇好的工作生活。成績不好的孩子，也會有出路，只要願意去學，總能學到一些知識，

第四章 學習中的溝通:引導良好的學習習慣

遠遠好過厭學。父母要找到方法幫助孩子緩解壓力、減少焦慮,培養孩子的自主學習能力,鼓勵、引導孩子養成面對挫折、克服困難的勇氣,形成良好的學習習慣。

■ 青春期的厭學

根據青少年研究中心的一份數據顯示,高達 70% 的國中生具有厭學情緒。青春期的孩子所處的階段,也是父母認為的升學的關鍵期,在此階段,父母會剝奪孩子所有的興趣愛好、取消娛樂活動,讓孩子一門心思全在學習上,孩子整日都處於學習的高壓狀態中,學習找不到樂趣,壓力難以釋放,會逐漸厭惡學習。

父母根據孩子的學習狀態、考試情況,給孩子不同的「顏色」,孩子考好了便喜笑顏開,考差了滿是失望和憤怒,與孩子的交流只剩學習。尤其當孩子的成績不好時,就成了一無是處。父母和孩子就像是冤家,三言兩語就爭吵,甚至班級同學、老師也當自己是問題學生。

【溝通心理解讀】

孩子到了青春期,會經常思考自己是個怎樣的人,未來要怎樣,學習是為了什麼,如果長期得到的都是負面的回饋,孩子就很難堅持學習,甚至產生厭學情緒。父母過度地

第五節　厭學：除了學習，別無他路

控制時間、空間，也容易激起孩子的反抗心理：「讓我學，我偏不學。」

因為學習不好，父母不認可他，同學不跟他玩，老師也歧視他。在他的世界裡，所有的支持系統都已經崩塌，所有人都不喜歡他，厭學其實已經是厭世。直至孩子出現了自殘、自殺的情況，父母才意識到問題的嚴重性。

【父母該怎麼做】

孩子厭學，是因為出現了他自己無法解決的問題，此時的孩子需要理解、支持、信任，父母要把關心、信任、支持補給他，給予他充分的耐心和鼓勵，幫助孩子扛下學校、社會的壓力，讓他能夠重拾信心。

青春期的孩子需要更多的理解、關愛、陪伴、支持，父母需要看到的不只是他的成績，還有他渴求關愛的內心，父母需要對孩子保持關愛、鼓勵，讓孩子體會到父母對自己的關愛。孩子遇到學業挫折時，要與孩子共同面對，培養孩子的意志力，尋找合適的學習方法，實在不行，與孩子重新確立目標。不管如何，總能找到成長的方向，關鍵是幫助孩子重拾信心。

第四章　學習中的溝通：引導良好的學習習慣

▦ 溝通良方 ▦

孩子出現厭學，對孩子、家庭都是打擊，而孩子厭學的狀態，也不只是孩子的原因，父母過早的培養、過大的壓力、過高的期待、過於緊張的環境，都會為孩子的厭學情緒增添催化劑。

嬰幼兒期，孩子在自主探索階段，父母不用過早安排太多的學習，可以與孩子一起體驗生活的樂趣，在遊戲中學習一些知識，培養孩子對學習的興趣；兒童期，孩子的學業生涯剛剛開啟，但過重的負擔、過度的監管，會讓孩子疲於應付，需要培養孩子的自主學習能力、學習習慣、應對挫折的能力，不能讓孩子喪失對學習的熱情；青春期的孩子，需要自由，父母要避免頻繁的叮擾、過度的關注，給予孩子鼓勵、支持、陪伴，幫助孩子緩解緊張情緒和壓力。

讓孩子從學習中找回樂趣、找回信心，增強孩子的挫折應對能力，讓孩子體會到父母對自己的關愛和支持，才能將厭惡轉化為動力。

第六節　博識：
兩耳不聞窗外事，一心只讀聖賢書

「讀萬卷書，行萬里路，胸中脫去塵濁，自然丘壑內營，立成鄧鄂。」讀書有益，多讀而博識。

嬰幼兒期的博識

孩子出生後，父母便開始幫孩子買各式各樣的書，甚至早早地就買了百科全書、十萬個為什麼置於書架，希望孩子可以博古通今、博聞強識。但孩子的成長有一個過程，看書、識字、讀書，是一個循序漸進的過程，孩子的閱讀興趣也需要慢慢培養。

嬰幼兒拿到書，最常見的動作就是拿到後看看、摸摸、放到嘴裡啃，有些父母看到後，會大吼一聲：「髒！別放嘴裡！」立刻把孩子嘴裡的書奪過來，孩子受到驚嚇，經過幾次反覆，孩子對書也形成了恐懼，原來書是不可親近的東西；待孩子長大一些，父母買了點讀筆與書，讓孩子自己聽點讀筆讀書，結果發現，點讀筆浪費了，書也沒看多少。

第四章　學習中的溝通：引導良好的學習習慣

【溝通心理解讀】

孩子出生後第一個月的閱讀方式，就是聽聲音，播放故事或童謠，孩子很快就能被吸引，哭鬧也會停止。稍微大一些，父母的陪伴式親子共讀，能讓孩子體驗到父母充滿愛的陪伴，閱讀成了孩子非常期待的活動。

孩子一開始拿到書，會抱著書啃、咬、撕，這些都是孩子認識書的方式，顏色、形狀、小洞洞都是吸引孩子的趣味方式，這些「非正式看書」的過程，是孩子閱讀的開始，也是培養孩子閱讀興趣的起點。

【父母該怎麼做】

孩子出生後，從黑白卡訓練孩子的視覺，到結合孩子的興趣，買些拉拉布書、洞洞書、翻翻書、觸控書，讓孩子在看書的過程中，找到樂趣，找到新鮮感，同時視覺、觸覺、手指靈活度都能得到訓練，書本也成了孩子的玩具。

嬰幼兒還沒有自主閱讀的能力，父母需要做好孩子閱讀的陪伴者、引導者。可以購買適合孩子年齡階段的繪本，色彩、形式、內容都需要做好甄別，用心陪伴孩子閱讀，繪聲繪色地將書本內容講述、表演，讓孩子體會到與父母一起閱讀的樂趣、享受家庭有愛的氛圍。

第六節　博識：兩耳不聞窗外事，一心只讀聖賢書

■ 兒童期的博識 ■

廣泛的閱讀可以讓孩子汲取精神食糧，從書本中獲取更多知識。有些父母認為孩子學習是首要任務，雜書影響孩子學習，幫孩子買的書，都是圍繞語文、數學、英語學科的書籍、考試用書，不允許孩子看任何與學習無關的書本，所有的書本、所有的時間都是與考試相關，孩子難以對看書感興趣。

曾經在書店看到這樣一幕：父母帶著孩子一起來到書店，3個人各自挑著自己的書籍，孩子挑到自己想看的書，興奮地跑到媽媽面前，給她看自己挑了本什麼書，媽媽報以微笑，問他什麼主題的，孩子開心地回答著，媽媽耐心地聽著，孩子詢問是否可以買回家看，媽媽問：「買回家能自己看完嗎？」孩子激動地回答：「當然能！」媽媽點頭。孩子蹦蹦跳跳地抱著書跟著父母離開了書店。

【溝通心理解讀】

一個從小喜愛閱讀的孩子，其人生觀、世界觀、知識面、感知力、求知欲、思考能力、表達能力的形成及處理問題的方式等方面，都會顯示出明顯的優勢。而且，在博覽群書的過程中，還可以體驗更為豐富的情感，累積更為豐富的知識。這些無疑都會為孩子平添一種知識的魅力，讓孩子成長為一個有內涵、有書香氣的優秀兒童。

■ 第四章　學習中的溝通：引導良好的學習習慣 ■

孩子的閱讀若能有父母的陪伴、支持，孩子也會從閱讀中體會更多樂趣。孩子閱讀的內容、主題，父母幫助甄別，孩子自己挑的書，自己感興趣，更能堅持讀完。讓孩子自主閱讀，讀完後能讓孩子表達自己的所思、所想，更有利於思維能力的培養，促進孩子學習。

【父母該怎麼做】

孩子所讀的書，並不僅限於課內書本，更需要有較廣的閱讀面。從小就引導孩子愛上閱讀，將使孩子受益終身。培養孩子良好的閱讀習慣，營造良好的家庭讀書氛圍，父母要做好孩子的榜樣，父母可以每天抽出一些時間，在家中享受安靜的閱讀時光，孩子也會跟著父母一起閱讀。

父母陪伴孩子閱讀的過程中，要幫助孩子選擇閱讀的內容，例如，文學、知識、歷史、人物傳記、藝術、哲學、心理，都可以讓孩子有所涉獵。父母要帶著孩子閱讀，引導孩子複述，與孩子探討閱讀的內容，循序漸進地引導孩子思考，將所讀內容用於生活。

青春期的博識

一名國二的男生，開始迷戀上小說，每天放學都從書店租借幾本書，放在衣服口袋裡揣著，上課時被老師發現後，

第六節　博識：兩耳不聞窗外事，一心只讀聖賢書

隔兩天班導從窗外視察大家晨讀，依舊發現他在看小說。學校請來父母溝通，父母也很無奈，說為了他看小說，不知吵過多少次，但孩子總是抽各種時間看，有時半夜都在看，他們也被孩子氣死了，實在是沒辦法管教。

一位「快急瘋了」的媽媽說，自己的女兒在臨近月考時，仍然痴迷於網路小說。這位媽媽直言，網路文學中存在大量同質化內容和低俗不堪的東西，根本不能叫做文學，不能叫做閱讀，希望網路相關部門能出面管理。

【溝通心理解讀】

青春期的孩子，反抗心理非常強烈，父母過於約束，會讓孩子更想去找課外書讀，出現過於壓制後的反抗狀態，如「飢不擇食」亂購書，休息時間偷讀書，不僅影響學習、影響身心健康，也不利於親子關係。

課外閱讀對孩子也是一種放鬆與調節，有些青春題材的書本裡，與孩子的校園生活情景十分相似，學習、遊戲、競爭、成功、失敗……孩子能從中找到自己的身影，與之移情，達到情緒宣洩的效果，並感受到自己不是孤身一人，他們能夠從書中角色身上學習到克服困難的方法，並更能理解父母、老師的苦心。

第四章　學習中的溝通：引導良好的學習習慣

【父母該怎麼做】

孩子急切地想要閱讀的狀態，宜疏不宜堵，越控制、越壓制，孩子越叛逆，與其將孩子的書都撕毀、嚴格控制課外時間，不如幫孩子挑一些適合的圖書，如天文、地理、科幻、文學，留出一些時間，與孩子一起閱讀。

有些青春題材的優質圖書，也可以幫孩子買幾本，父母與青春期的孩子可能存在溝通、理解的障礙，此類型的圖書可以幫助父母理解孩子，也可以幫助孩子理解父母，理解自己青春期的懵懂，從而調整好狀態。

溝通良方

很多父母認為孩子學習、考試是首要的任務，所有的閱讀都應圍繞考試，而博聞強識、博古通今，是長大後才該做到的，殊不知，孩子的閱讀習慣，不是一朝養成，需要從小培養。

嬰幼兒期，父母需要花一些時間陪伴孩子進行親子共讀，幫孩子買一些符合嬰幼兒年齡階段的卡片、布書、洞洞書，讓孩子從書本中找到樂趣；兒童期，豐富孩子的閱讀面，逐步引導孩子自主閱讀，營造良好的家庭閱讀氛圍，從而養成孩子的閱讀習慣；青春期，給孩子自主支配的時間和空間，給孩子閱讀的自由，與孩子一起從閱讀中成長、獲益。

「讀萬卷書，行萬里路」，與孩子共同成長！

第七節　補習班：
為了孩子還是為了自己心安

　　社會競爭激烈，為了能讓孩子贏在起跑線上，報名補習班成了現在幾乎所有父母都會為孩子考慮的一項投入。別人家的孩子都上補習班了，自己家的孩子也不能不報，孩子在家閒著也是閒著，不如去補習班。上補習班，說到底是為了孩子，還是為了父母？是為了孩子能力的提升，還是為了滿足父母的面子？是為了孩子的全方面發展，還是為了讓孩子滿足父母的高期待？

嬰幼兒期的補習班

　　有了孩子之後，父母就會開始憂慮，是不是要報名幼稚園了？幫孩子報什麼才藝班？讓他學什麼？是任其天性，在家玩到上學，還是有方向的培養？是逼迫孩子堅持，還是隨他喜歡，想去就去，想不學就不學？

　　一位科技 CEO 說：「未來 30 年是最佳的超車時代，如果我們繼續以前的教學方法，對我們的孩子進行記、背、算這些東西，不讓孩子去體驗，不讓他們去嘗試琴、棋、書、畫。我可以保證，30 年後孩子將找不到工作！」

第四章　學習中的溝通：引導良好的學習習慣

【溝通心理解讀】

　　0 至 6 歲是孩子運動發展的關鍵期，孩子很容易從運動中獲得快樂，運動也能加快孩子大腦的發育，鍛鍊孩子的平衡能力；3 至 5 歲是孩子音樂發展的關鍵期，這個時期的孩子會開始真正欣賞音樂；孩子在 1 歲多就開始喜歡塗鴉，2 歲多開始表現出對色彩和圖案的濃厚興趣，3 至 5 歲可以進行發揮想像力、創造力的繪畫；語言關鍵期出現在 3 至 4 歲，到 6 歲便會停止。這一時期孩子對語言的學習會表現得很積極，且語言發展會比較迅速。

　　幼兒的興趣班學習，不是為了讓父母減壓，仍然需要父母付出時間和進行高品質的陪伴。幼兒沒有自主複習的能力，父母需與老師溝通，幫助幼兒進行鞏固強化。孩子能從興趣班的學習和長期堅持中獲得滿足感與成就感，也可以增強孩子的自信心。

【父母該怎麼做】

　　親子時光，是孩子最珍貴的成長時光。父母要透過每日的陪伴觀察，帶著孩子多體驗嘗試，發現孩子的天賦，尊重孩子的年齡特點，綜合考慮孩子的身心發展情況、學習接受能力，提供孩子多樣的機會，讓他們接觸不同的知識，表現出自己的潛能，從而發現孩子到底擅長做什麼。

第七節　補習班：為了孩子還是為了自己心安

父母根據孩子的興趣、天賦，選擇適合孩子年齡階段的興趣班。孩子的很多興趣，父母可以在家給予足夠的支持，保持孩子的興趣。而報了興趣班，也是為了滿足孩子的興趣，挖掘孩子的潛力，而不是讓其早早地成為孩子和父母的負擔。

兒童期的補習班

別人家的孩子都在上補習班，父母一聊天就發現別人家的孩子學了畫畫、圍棋、書法、鋼琴、跆拳道、寫作⋯⋯為了不讓孩子輸給別人，別人報我就報，別人覺得好我就報，不管孩子的興趣是什麼，也不考慮孩子是否已經疲憊。

「這孩子在家都不聽我們的，他最怕老師，您的話他一定聽⋯⋯」有些父母送孩子去補習班，是因為在家裡管不住，每逢假期便把孩子送到補習班，讓補習班的老師承擔育兒的責任。

【溝通心理解讀】

很多父母幫孩子報名補習班，出於盲目從眾心理：孩子間比較，父母間也比較，別人家孩子報名補習班，自己家孩子也要報名，不能讓孩子輸在起跑線上。但學齡期的孩子，業餘時間有限，太多的補習班，會讓孩子疲於應付，甚至厭學。

第四章　學習中的溝通：引導良好的學習習慣

每個孩子都有一定的差異，天賦、興趣都不一樣，幫孩子報補習班的目的主要是為了揚長避短，孩子有天賦、感興趣的，可以透過補習班的培養，幫助孩子突出特長。孩子出現階段性學習困難的，透過補習班的補習，可以幫助孩子克服困難、重拾信心。

【父母該怎麼做】

在幫孩子報班前，父母需要充分了解補習班的資質，同時必須先和孩子溝通，詢問是否是孩子感興趣的，孩子是否能接受，是否能堅持，另外，要考慮好將孩子送去補習班的目的是什麼，再謹慎做選擇。

補習班不是替代父母教育的存在。父母仍是孩子最直接的教育責任人，老師為輔，補習班更是排在最後的輔助。不能將孩子放在補習班就放任不管了，父母仍要為孩子負責。父母在生活中要多陪伴孩子，帶著孩子一起讀書、鍛鍊、做家務，與孩子一起旅遊，這些都有利於孩子的身心發展，也有利於開闊孩子的視野，幫助孩子找到學習的樂趣，培養孩子自主解決問題的能力，養成他們良好的學習習慣。

青春期的補習班

父母將孩子送到補習班，目標很明確，以為孩子的成績一定能升上去。一位李媽媽，兒子上國三，英語一直不太

第七節 補習班：為了孩子還是為了自己心安

好，為了能讓孩子的英語能力有所提高，她花了兩萬多元幫孩子報了個暑期英語補習班，結果開學時孩子的英語不僅沒見好，還倒退了 20 分。

有些父母聽說某個補習班好，不惜每天帶孩子耗費三四個小時，參加一個只有半小時的輔導。一學期下來，父母還經常為誰送孩子上補習班發生爭執，孩子也因為每次長時間的奔波影響了休息，對學習也喪失了興趣。

【溝通心理解讀】

學習是個循序漸進的過程，「填鴨式」地學習並不適用於每個孩子。「補課」是父母的心理安慰劑，但會讓孩子缺乏運動、缺少睡眠、缺少放鬆……太多的補習班導致孩子的自由時間越來越少，過度疲乏的狀態讓孩子對知識的吸收也日漸減少。

專注力、學習態度、學習習慣、自信心，才是孩子提升學習的關鍵，而這些品質，靠補習班訓練不了，補習班可以教會孩子學習思路，讓孩子掌握更多學習技巧，但讓孩子保持對學習的興趣同樣重要。父母應該多陪伴、引導孩子，經常給孩子鼓勵、支持，才能讓孩子從學習中找回自信、逐漸掌握自主學習的技能。

第四章　學習中的溝通：引導良好的學習習慣

【父母該怎麼做】

父母要尊重孩子的意願，與孩子商量再決定是否報名。若盲目報名，強迫孩子去上，不僅剝奪了孩子的自由和空間，也會讓孩子出現反抗心理，上補習班成了一種形式，反而不利於孩子學習成績的提高。在與孩子探討後，針對哪些方面需要報名補習班，幫助孩子做好甄別，確保補習班的品質，才能讓孩子在有限的時間內能夠充分地獲益。

父母應該幫助孩子養成良好的學習習慣，給予孩子多陪伴、多鼓勵、多支持，引導孩子正確看待成績、看待挫折和失敗，讓孩子養成學會錯題反思的習慣，培養孩子學習的專注力、獨立解決問題的能力，對自己建立自信心。

溝通良方

在父母的眼裡，報名補習班「一切都是為了孩子」，甚至常常在孩子面前計算為孩子報名花了多少錢。但其實，父母也應該想一想，報名真的是為了孩子？還是為了滿足自己盲目的比較心，為了減少自己缺少陪伴的負罪感？還是將教育的職責推給他人？

報名補習班，要真切地從孩子的角度思考，促進孩子身心發展，幫助孩子揚長避短。嬰幼兒期，父母需要花更多的時間陪伴孩子，讓孩子從中體驗到生活的樂趣、感受父母的

第七節　補習班：為了孩子還是為了自己心安

關愛；多用心觀察孩子，發現他的天賦、興趣，在能力範圍內培養，滿足孩子的興趣，激發孩子的潛力。兒童期孩子的補習班，需要衡量孩子的時間與精力，不盲目，讓孩子保持學習的熱情與興趣。青春期孩子的補習班，需要徵求孩子的意見，與其共同商定，讓孩子能從學習中找回自信、找到適合自己的學習方法。

報名補習班後，也該與家人、孩子確定好長期堅持的方案，避免為了報名產生爭執，讓孩子在和諧、有愛的氛圍中快樂學習、自主學習。

第四章 學習中的溝通：引導良好的學習習慣

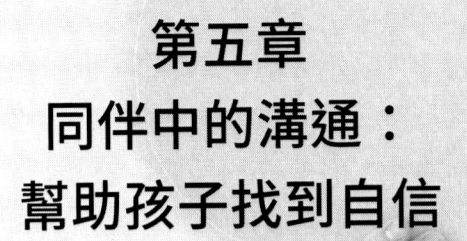

第五章
同伴中的溝通：
幫助孩子找到自信

■ 第五章　同伴中的溝通：幫助孩子找到自信 ■

第一節　友情：同伴是成長的必須

　　研究顯示，如果一個孩子在年幼時和同伴交往有問題，在小學、國中都難以形成較好的同伴關係，相對於那些能夠建立友誼、有好朋友的孩子，他的學業成就相對較差，輟學率會較高，孤獨、憂鬱等心理問題的發生率也較高，到成年階段也更容易出現心理問題。由此可見，孩子的同伴交往對於兒童未來的發展具有非常重要的作用。

嬰幼兒期的友情

　　英國心理學家哈洛及其同事做了恆河猴實驗，他們讓一些幼猴只與母猴生活在一起，剝奪了其與同伴相處的機會，結果發現，這些幼猴產生了許多病態行為，會迴避與同齡幼猴的相處，不得不接近時，會表現出很強的攻擊性，並一直持續到成年。

　　之後，實驗者將幼猴與母猴分開，讓這些幼猴與比他們小的、正常的幼猴一起生活，一段時間後，異常的幼猴也恢復了常態。這說明同伴在幼兒成長中具有重要的作用，同伴間的依戀可以彌補成人陪伴的缺失，同伴間的互相幫助、支持可以促使他們獲得社會化、健康成長。

第一節　友情：同伴是成長的必須

【溝通心理解讀】

　　2個月左右的寶寶能夠注視同伴，3至6個月的寶寶能夠相互碰觸和觀望，但寶寶6個月以前的這些反應並不具有真正的社會性質，他們僅僅把同伴當作玩具，這時的行為往往是單向的。6個月以後，寶寶看見其他寶寶時，能微笑以及發出「咿咿呀呀」的聲音，這種互動已經開始有了社會意義，是向同伴交往邁出的第一步。

　　1至2歲的孩子隨著身體運動能力和語言能力的發展，其社會性交往最突出的特徵是出現應答性的社交行為，如一個孩子對另一個孩子微笑或者發出的、語言或非語言的聲音，撫摸、輕拍或遞玩具的動作。孩子之間，越來越多地出現模仿、互補的交往行為。3至7歲的孩子還未形成友誼的概念。同伴就是朋友，一起玩就是友誼。同伴能夠幫助去自我中心。

【父母該怎麼做】

　　帶著孩子主動去認識同齡的小朋友，認識新朋友，在交往中讓孩子懂得什麼樣的小朋友容易受人歡迎，培養孩子樂於助人的品格，在小朋友需要幫助時，能夠伸出援助之手，安撫同伴的情緒。

　　引導孩子掌握同伴交往的技能，學會與同伴分享，學會尊重他人，鼓勵孩子帶著真誠的微笑與人交往，用語禮貌，

第五章　同伴中的溝通：幫助孩子找到自信

與同伴溝通時學會傾聽，不打斷對方的話。引導孩子享受有朋友一起玩的樂趣。父母還可以邀請小朋友到家中做客，觀察孩子與同伴的相處情況，適時引導。

兒童期的友情

對於兒童，最幸福的時刻，莫過於放學後，丟下書包與朋友玩耍，那一刻的兒童什麼煩惱都沒有。在房間裡獨自寫作業無聊發悶時，朋友一喊出去玩，瞬間精神十足，衝下樓去。

在兒童族群中，學習成績好的孩子被父母、老師認可，也更容易受朋友歡迎，那些有主見、能夠進行團隊合作的孩子也容易受歡迎；對人不友善，表現出攻擊性、缺乏合作能力的孩子不受歡迎；平時較為安靜，對同伴交往表現出迴避、退縮行為的，對成人較為依賴的孩子，容易受到同伴忽視。

【溝通心理解讀】

4至5歲兒童的友誼屬於單向幫助階段，順從自己的願望和要求的同伴就是朋友；6至12歲兒童的友誼屬於雙向幫助階段，兒童對友誼的互動性有了一定了解，但有明顯的目的性，還不是患難與共的合作。

隨著年齡的增長，兒童與同伴的互動增多，與成人的互動減少，與近似年齡或大自己2歲左右的同伴的互動會超過

第一節　友情：同伴是成長的必須

同齡兒童的交往。同伴可以幫助兒童成長，擺脫自我中心，可以作為一種社會模式或榜樣影響兒童的價值觀、態度和行為的發展；同伴給予穩定感和歸屬感；同伴是社會化的動因，能夠促進社交技能的掌握；友誼是兒童學會減少社會孤獨感所必備的。

【父母該怎麼做】

家庭中的氛圍和相互間的交往，是孩子學習的最初的環境，對孩子具有重要的影響，父母需要營造良好的氛圍，保持家庭成員間和諧的溝通。

對孩子進行積極的正面引導，不限制孩子的交友，對於交友存在障礙的孩子，要及時觀察出現的問題，引導孩子形成基本的社交技能，培養孩子的自信心、獨立性、成就感，讓孩子能夠看到自身價值，勇敢地與同伴相處。

青春期的友情

青春期的孩子對社會充滿了好奇，迫不及待地想進入成人的生活圈。小晨是一名國三學生，一次在同學的生日會上認識了一位出手大方的劉大哥，看著劉大哥抽菸、喝酒、飆車的樣子，小晨很是羨慕，主動交了劉大哥這個朋友，之後小晨經常逃學，劉大哥帶他去網咖、酒吧，帶他喝酒、飆車。有一次，劉大哥跟其他人發生爭執，小晨秉承「江湖義

■ 第五章　同伴中的溝通：幫助孩子找到自信 ■

氣」，用利器將對方打傷，自己也受了重傷，進了醫院也受到了法律制裁。

【溝通心理解讀】

9至15歲的友誼屬於親密交往階段，兒童逐漸懂得忠誠、理解、共同興趣是友誼產生的基礎，他們會互相傾訴祕密、互相幫助、解決問題，友誼具有強烈的排他性；12歲開始，是友誼發展的最高階段，擇友謹慎的話，建立的友誼能保持很長時間。

青春期的同伴關係是最主要的人際關係，青少年可以從同伴交往中得到情緒的宣洩，得到寬慰、同情和理解，並透過互相幫助克服情緒上、心理上可能產生的問題，滿足穩定感和歸屬感。同伴交往也可以有利於青少年獲得社交經驗，提高寬容能力和理解能力；學習社交能力和技巧；培養社會洞察力；發展對集體的忠誠。進入青春期的孩子和父母、老師等成人的關係開始疏遠和淡化，同伴之間的關係可以填補社會關係的空白。

【父母該怎麼做】

父母需要重視同伴關係對孩子的影響，鼓勵孩子積極交友，當孩子不願意待在家裡，要跟同伴一起出去玩時，要給予支持，而不是限制孩子與同伴的交往。當孩子與同伴的友

第一節　友情：同伴是成長的必須

誼出現問題，父母要給予陪伴，幫助孩子理清同伴交往中出現的問題。

父母要善於用理智、科學的方法，引導孩子謹慎交友，鼓勵孩子在同學中培養友誼，嘗試與不同性格的孩子接觸，取長補短、互相學習，建立健康、積極、良性的同伴關係，朋友寧缺毋濫。

溝通良方

同伴可以幫助孩子消除孤獨感，促進孩子掌握社交技能，為孩子提供成長的榜樣，為孩子帶來樂趣。父母需要重視孩子同伴關係的建立和維護，做好孩子社交的引路人。

父母需要幫助孩子認知到同伴關係的重要性，培養孩子與同伴交往的技能。從嬰幼兒期開始，帶著孩子去遊樂場、認識朋友，讓孩子逐漸體會同伴玩耍的樂趣；童年期的孩子，已經會主動結交朋友，父母需要幫助孩子掌握基本的社交技能，如學會分享、學會尊重、學會如何與人溝通，幫助孩子建立同伴交往的自信；青春期的孩子，主要的社交圈轉向了同伴，父母需要給予孩子空間，讓孩子在同伴中找到歸屬感，引導孩子形成正確的交友觀、價值觀，謹慎交友，學會自我保護。

■ 第五章　同伴中的溝通：幫助孩子找到自信 ■

第二節　衝突：矛盾化解與友誼的維繫

　　衝突伴隨著孩子的成長，解決衝突是提升孩子社交能力的必經考驗。孩子從衝突中更有機會了解彼此的觀點、處理方式的差異，能夠學會站在別人的立場看問題，學會換位思考，理解別人的感受。

■ 嬰幼兒期的衝突 ■

　　孩子在一起經常會發生衝突，因為搶玩具起爭執、因為誰先玩起爭執、因為對方不聽自己的起爭執、因為東西弄壞起爭執，有些孩子出現衝突時會大哭大鬧，有些孩子會汙言穢語，有些孩子直接動手打人。孩子的衝突時有發生，作為父母，如何引導孩子處理衝突？

　　父母看到孩子間的爭執，有些會十分敏感，跑去就訓斥別人家的孩子，甚至還動手打對方的孩子，使矛盾進一步激化；有些父母不問青紅皂白，出現衝突立刻訓斥、指責自己家孩子；有些父母平時就灌輸孩子「打回去」的思想，孩子受到一點兒欺負，就指責孩子無能、懦弱。父母的引導方式，對孩子的衝突處理能力、社交能力的發展都有一定的影響。

第二節　衝突：矛盾化解與友誼的維繫

【溝通心理解讀】

孩子之間發生衝突的主要原因是孩子的「自我中心」受到了侵犯，解決衝突的過程，也是孩子自我成長、社交能力提升的過程。父母暴力行為的錯誤示範，過於袒護、指責自己孩子，都不利於孩子的成長。

孩子會對來自電視、生活中的汙言穢語、暴力行為進行模仿，如果不及時調解訓練，其暴力性傾向會逐步加強而難以改變，應及早對其進行干預。

【父母該怎麼做】

提供孩子榜樣示範，父母的衝突處理方式、溝通方式是孩子模仿的榜樣，要注意給予孩子引導。當遇到孩子自身無法解決的衝突、矛盾時，要教會孩子向成人求助，還可以透過故事講述、情景模擬等形式，引導孩子恰當處理衝突。

孩子之間出現衝突時，如果沒有肢體衝突，在沒有安全威脅的情況下，盡量不干涉孩子的衝突，讓他們自己在衝突處理中找到解決的方法，逐步形成適合自己的應對衝突的策略和方式。孩子向父母傾訴衝突的情況時，要能與孩子移情，用心傾聽孩子的宣洩，理解孩子在衝突中的委屈，尊重孩子，幫助孩子分析問題，引導其找到更好的解決方法，讓孩子感受到父母的信任和支持。

第五章　同伴中的溝通：幫助孩子找到自信

兒童期的衝突

孩子之間的衝突往往是為了爭奪某個權利，如吃、玩，有時，打鬧也是孩子探索交往的一種方式和管道。有些孩子在尚未掌握自我處理衝突能力的階段，平時會習慣向大人求助，剛出現爭執，就開始大喊大叫，吸引他人注意，而他人未及時出現時，也會向老師或父母告狀。

在衝突發生時，有些孩子會習得父母的暴力解決衝突的方法，有些孩子一味地忍氣吞聲。長期如此，對兩種孩子都不利，需要引導孩子合理看待衝突，讓他們明白哪些是錯誤的、需要明確制止的行為。對於錯誤方，孩子學會了承擔責任，才會減少衝突的發生。處理衝突的目的，是讓孩子都能獲得成長，提升社交能力。

【溝通心理解讀】

「愛告狀」的孩子往往是老師比較偏愛的孩子，他們之所以打小報告，一方面是希望對方受到老師的懲罰，破壞其在老師心目中的形象；另一方面是為了引起老師的注意，尋求老師對自己的關愛。

隨著孩子的成長，兒童期的孩子已經有了一定的是非觀，也明白在衝突中，雙方都有什麼錯誤之處，此時，需要引導孩子學會對自己的錯誤承擔責任。此外，有的孩子有可

第二節　衝突：矛盾化解與友誼的維繫

能會因為自己的錯誤而感到恐懼、愧疚，影響今後的自我評價，此時需要及時引導疏解，最終讓孩子能夠互相理解對方，及時化解衝突，原諒、包容彼此，恢復朋友關係。

【父母該怎麼做】

在孩子出現衝突、爭執時，父母需要保持中立的態度，引導孩子冷靜情緒，先敘述整個事件的經過，而後幫助孩子分析衝突中雙方的問題，引導孩子學會換位思考，鼓勵孩子將分析的結果轉化為行動，學會主動承擔責任、及時道歉。

解決孩子的衝突時，要避免讓孩子過於自責、恐懼，影響其自我評價和以後的生活，要及時消除孩子內心對於犯錯的恐懼和愧疚，要安撫他，每個人都會犯錯，關鍵是從衝突中學到了什麼。化解完衝突後，要提醒孩子學會包容和理解，及時原諒他人，維繫友情。

青春期的衝突

青春期的孩子容易衝動，同伴之間出現矛盾、衝突時，經常會出現打架鬥毆的暴力衝突事件。有些孩子長期處於父母的暴力管教下，更容易出現暴力行為，與同學之間出現爭執傾向於用暴力解決；有些孩子有強烈的虛榮心，經常覺得他人的言語傷害了自己的自尊心，尤其當周圍還有同學起鬨

第五章　同伴中的溝通：幫助孩子找到自信

時，容易出現鬥毆衝突；受媒體、網路事件、暴力遊戲的影響，有些孩子也出現模仿現象，用打架鬥毆的行為顯示自己的地位和成熟。

青少年的認知水準尚不完善，他們法律意識淡薄、考慮問題容易偏激，覺得自己已經成人，但心理又不成熟，出現矛盾時，易衝動，衝突雙方都有可能帶來無法彌補的後果。

【溝通心理解讀】

青春期的孩子同伴間的交往出現問題時，無論過於好鬥還是過於抑制，都在於他們如何看待他人以及如何做出反應，比如，具有攻擊性的孩子總是能將他人的消極行為看作敵意，從而進行回擊。研究顯示，情緒不穩定的、具有攻擊性的孩子會遇到更多的問題，他們需要掌握憤怒管理和溝通技巧來克服這些問題。

【父母該怎麼做】

幫助具有攻擊性的孩子以更理性、善意的角度分析同伴行為的意圖，鼓勵害羞、內向的孩子發現自己身上的積極品質，建立自信。引導孩子對自己和他人表示尊重，學會傾聽，以坦誠、友好、積極的態度面對同伴。

孩子出現問題時，應給予孩子陪伴和支持，確保孩子在衝突中能有安全底線。讓孩子從中認知到錯誤並勇於承擔責

第二節　衝突：矛盾化解與友誼的維繫

任，而不是替孩子或強迫孩子找到解決衝突的方法。父母在幫助孩子時，要以引導性的問題，促進孩子思考、改變，如「你這樣做，會產生哪些後果？」，「其他人會怎麼想、怎麼做？」等。

溝通良方

衝突是孩子成長中必經的考驗，從衝突的解決中，孩子會逐漸掌握行事的規則、掌握人際交往的原則、掌握基本的社交技能，在衝突解決中，孩子能夠獲得成長。父母需要在家庭中營造良好的溝通氛圍，為孩子提供解決衝突的良好示範。

孩子與同伴出現衝突、爭執時，父母都要給予孩子情感上的支持，傾聽孩子對於事件的敘述，引導孩子全面客觀地看待衝突，提高自己解決衝突的能力。嬰幼兒期，孩子之間出現衝突，在沒有肢體傷害、安全威脅的情況下，盡量讓孩子自己處理衝突，幫助孩子克服自我中心；兒童期的衝突，需要引導孩子分析衝突中雙方出現的問題，能夠讓孩子學會承擔責任並主動道歉，恢復同伴關係；青春期的衝突，需要引導孩子提高自主解決問題的能力，建立規則意識、法律意識、底線，認知到衝突處理不當可能帶來的後果。

第五章 同伴中的溝通：幫助孩子找到自信

第三節　別人家的孩子：有選擇的比較

　　許多人的童年都有一個陰影，那便是「別人家的孩子」。曾有人問：「如何摧毀一個孩子的自信？」有個回答是「讓他活在別人家孩子的陰影裡」。一份研究顯示，「你看別人家的孩子」這句話入選為「未成年人最不喜歡父母說的五句話」裡的榜首。與別人家孩子的比較，父母以為能夠促使孩子走向更高處，但這樣讓孩子活在別人的陰影裡，會讓孩子喪失真實的自己，更可怕的是，孩子可能會因此痛苦、自卑地度過一生。

嬰幼兒期的比較

　　從孩子出生開始，父母就在比較的路上越走越遠，比一比孩子的身高、體重，比一比什麼時間叫第一聲「爸爸」、「媽媽」，比一比什麼時候會坐、會站、會走路，比一比畫畫、識字……在比較中，父母有受挫的心理，卻又同時將這樣的受挫心理傳遞給孩子。

　　「你看看人家小吳，多有禮貌，見到人就喊叔叔阿姨，那麼熱情，你怎麼回事，說話叫人啊！」「你這個畫全畫出線外了，看人家畫得多好，專心些啊！」「就這幾個數字，怎麼數

第三節　別人家的孩子：有選擇的比較

來數去還不記得呢？人家小胖都數到 100 了，都會正數、負數了！」在父母的比較中，孩子越來越自卑，甚至認為自己做什麼都不行。

【溝通心理解讀】

孩子將成人對自己的評價當作自己的評價，對權威依從，處於被動地位，若父母經常給孩子負面評價，孩子也會給自己較低、較負面的評價，會形成否定自己的固有觀念：「我不行」。一旦形成「原生自卑」心態，對孩子的傷害形成，就很難改變。

就像世界上沒有兩片相同的葉子，每個孩子都有自己獨特的個性，有自己的發展速度，有自己擅長的方向。孩子的言語、音樂、繪畫、邏輯、運動，都有自己的敏感期，加上父母培養方式的差異，孩子間出現發展不一樣的情況屬於正常現象。而若一味地與別人發展快的方面進行比較，看到的只會是孩子慢的方面。

【父母該怎麼做】

父母需要擺正心態，帶著讚賞的、發現的眼光看待自己的孩子，認可孩子的表現，給予孩子及時的鼓勵和關愛。孩子每天都在變化，只要相較於他自己之前的狀態有所成長，那就是進步，就值得被稱讚。

第五章　同伴中的溝通：幫助孩子找到自信

接納自己的孩子，給予孩子全部的愛。孩子自出生開始，都是完完全全地接納、認可自己的父母，問孩子誰最漂亮、誰最厲害，孩子的回答永遠都是「媽媽」或「爸爸」。在孩子眼裡，自己的父母就是最棒的，孩子給了父母全部的愛。父母也要反思，自己給孩子的愛是不是對等的。

兒童期的比較

父母對孩子進行比較時，總是能精準地捕捉到別人的優點，將別人的優點和自己孩子的弱點進行比較。數學很好的孩子，可能語言表達能力差一些；特長很多的孩子，可能成績一般；成績一直排第一的孩子，可能自理能力差一些⋯⋯但父母對這些可能比自己孩子差的方面，都選擇性地忽略，而只是一味地對自己孩子進行打壓。

蘇珊・福沃德（Susan Forward）博士在《中毒的父母》（*Toxic Parents*）中寫道：「沒有一個孩子願意承認自己比別人差，他們希望得到成人的肯定，他們對自己的認知也往往來源於成人的評價。」相信自己的孩子，與孩子自己進行比較，只要比之前進步，就是值得肯定的。

【溝通心理解讀】

很多人認為，透過比較可以對孩子產生一種激勵作用，可以避免孩子驕傲。殊不知，對比教育，最容易挫傷孩子的

第三節　別人家的孩子：有選擇的比較

自尊心。用別人的長處來比較自己孩子的短處，終歸是比不過的，只會讓孩子覺得，我不如別人，我真的很差。父母看不到孩子自己的努力、看不到孩子的優秀，孩子會覺得父母的焦點都是別人家的孩子，自己得不到父母的關愛、認可。

父母將孩子的弱項與別人的優勢進行比較，「別人家的孩子」成了一個優勢集合體，是父母對孩子高度期待的結合。父母會從比較中體會到挫折，感受到壓力，感受到培養、教育孩子的焦慮，而這種負面情緒也透過對孩子的比較性指責傳遞給孩子。孩子得到的都是自己不如別人的比較，會因始終沒有達到父母的期待，受到父母負面情緒的影響，導致自信心受挫，壓力倍增。

【父母該怎麼做】

父母在將自己家孩子與別人家孩子對比時，要能換個角度，看到自己家孩子相比於別人家孩子的優勢，緩解自己的育兒焦慮，也給孩子及時的認可和鼓勵，幫助孩子建立自信。

「你真棒」這種正面的鼓勵，會讓孩子感受到被認可，在好評中確認自我價值，而更自信，更有創造力。父母的一句好評，表達的是認可與接納，傳遞的是關愛與溫暖，每個孩子都渴望從父母那裡聽到。因此，父母要及時給予孩子賞識教育，引導孩子形成全面、客觀、積極的自我評價，幫助孩子發現自己身上的優點。

第五章　同伴中的溝通：幫助孩子找到自信

青春期的比較

一位13歲的男孩離家出走，留下一張便條紙：「寫給親愛的爸爸，爸爸，我走了，你不用找我了。以後你不認識我，我也不認識你。你不該有我這樣的兒子，再見了爸爸……」當警察找到他時，孩子又高興又沮喪，哭訴道：「爸爸覺得我這不行那不行，經常拿我和別人家孩子比，他不喜歡我，我只好走了。」

有一位國中女生在高臺上喊話：「我媽媽總是拿我跟別人家的孩子做比較，而且比較的那個別人家的孩子，是我那個全班第一、全年級第一、全校第一的好朋友。孩子不是只有別人家的好，妳自己的孩子也很努力，為什麼妳不看一下呢？」但媽媽卻仍舊在講道理：「我對妳的評價是客觀的，妳跟別人比，比的是好的學習習慣和好的學習方法。」女生說：「我並不適合激將法，老是打擊我，我一定會覺得自己很差，但是你們從來沒有改過，每次考試成績一出來，都是先說我差的。」

【溝通心理解讀】

青春期的孩子處於自我認知、建立自我認同感的關鍵期，長期被拿來和別人做比較的孩子會失去自我評價的能力。長大成人後，孩子很難自我接納，包括自己的能力、觀點、興趣、情緒、目標，都難以形成自我認可，影響心理健

第三節　別人家的孩子：有選擇的比較

康；也很難有耐心去接納別人的缺點，因為不接納自己的人，也不可能真正接納別人。

孩子在接受對比、接受評價的過程中，自我評價的獨立性也日益發展，並具有一定的批判性。若父母長期進行比較式、批判式教育，孩子也會學著父母比較，比較父母的差異，比較父母的投入，甚至與同學進行比較，這不利於孩子的心理健康，也不利於親子關係的發展。

【父母該怎麼做】

父母需要看到孩子的付出與努力，給予孩子及時的認可和鼓勵，幫助孩子建立積極的自我評價。幫助孩子進行總結時，透過與孩子的自身對比，讓孩子看到自己的成長與變化。

對於敏感的青春期孩子，父母過多的比較，會引發孩子的反抗心理，因此，盡量避免這種比較式的批判。當父母發現孩子給自己壓力很大，難以自我調節時，可以運用反向的與別人家的孩子比較，例如，提示孩子「比你差的還有許多」，這樣會幫助孩子釋放壓力、建立自信，還能拉近親子之間的距離。

溝通良方

「別人家的孩子」，是眾多父母教育的大招，也是孩子的噩夢。別人家的孩子總是高人一級，導致父母焦慮，孩子自卑。

第五章　同伴中的溝通：幫助孩子找到自信

孩子間的比較要適度，要能接納自己孩子，看到自己孩子的優勢。嬰幼兒期孩子的成長差異很大，要能接受孩子性格的差異、成長速度的差異，緩解育兒焦慮；兒童期的孩子需要更多鼓勵和讚賞，要給予孩子支持，在比較中看到孩子的優勢，讓孩子感受到父母的關愛和認可，幫助孩子建立自信；青春期的孩子容易情緒激動、叛逆，要能及時鼓勵，幫助孩子緩解壓力，讓孩子從自我成長的對比中，建立自我認同，形成對自己全面、客觀的評價。

第四節　爭寵：孩子間關係的緩和

家中的孩子經常發生爭執，孩子的衝突如何緩解？孩子之間的矛盾如何解決？怎樣做可以改善他們之間的關係？自己的行為是否滋長了孩子之間的敵意？

■ 嬰幼兒期的爭寵 ■

父母生育二寶的初衷是希望孩子能有個玩伴、有個朋友，相互之間有個照應，自己以後也能多個孩子養老，但孩子的降生也給父母帶來了很多困擾。或許在懷孕之前已經徵得了老大的同意，但二寶降生後，老大的態度還是發生了改變，在家裡各種搗亂：媽媽抱著二寶時，老大也要抱；幫二寶拿個玩具，老大大吼：「那是我的！」不給二寶玩；幫二寶餵奶，老大站在一旁，也要喝奶，即便已經斷奶很久了；媽媽帶二寶睡覺，老大也抱著媽媽，要媽媽陪自己睡覺。

湯圓和饅頭是相差1歲半的姐弟。媽媽懷孕時，湯圓還不懂，等到弟弟出生後，家裡大人們的注意力都轉移到了弟弟身上，問題便出現了。大人在身邊時，湯圓表現得十分乖巧，嘴巴也很甜，一旦沒有人注意，她就會欺負弟弟。

第五章　同伴中的溝通：幫助孩子找到自信

【溝通心理解讀】

　　阿德勒（Alfred Adler）認為孩子的出生順序不同，人格會有一定差異。最大的孩子在出生後一直享受無微不至的關注，直到第二個孩子出生。此後他必須忍受先前只屬於自己的關愛要被分享，地位相應地下降，及由此帶來的強烈的失落感。這種獨特的經驗使長子可能變得沒有安全感，對他人懷有敵意，性格專制和保守，他們成年後會表現得墨守成規，十分看重權位，善於維持秩序。

　　第二個孩子不會體會到長子體驗到的衝突，同時也沒有長子體驗過的嬌寵，成長的過程中通常不斷地試圖超越長子，他們具有野心、反叛和嫉妒心理。

　　最新研究顯示，孩子的出生順序與智商和人格並沒有顯著的關係，真正的影響因素是父母對於先後出生的孩子不由自主地採取了不同的態度和撫養對待方式，使他們經歷了各自不同的早期環境。

【父母該怎麼做】

　　老大記不得小時候大人們是怎麼圍著他轉的，他能看到的，就是二寶出生後，大人們都在關注二寶。本來屬於他的愛被搶走，甚至覺得二寶就是來搶他東西的，而所有這些，他最在乎的，就是父母的愛和陪伴。

第四節　爭寵：孩子間關係的緩和

對嬰幼兒來說，父母是他們的全世界，為了避免孩子之間的衝突，尤其是減少老大的落差和老大對二寶的敵意，父母應安撫好老大，越喜歡二寶，越要給老大更多的偏愛。

■ 兒童期的爭寵 ■

家庭孩子間發生爭執很常見，吃、穿、玩、學習，都可能引發一場戰爭，「我的雞腿比他的雞腿小」、「哥哥打我」、「這個玩具他已經玩了半天，該我玩了」「弟弟又把我的筆弄不見了」、「妹妹把我頭髮都弄亂了」……戰爭一時爆發，有可能從最初的吵鬧，變成打架，讓家裡雞犬不寧。

有些父母為了讓孩子間的爭執減少，盡量平等對待，但這種平等的觀念灌輸之後，反而引來孩子更多的比較。「你已經陪姐姐寫了半個小時作業了，也要陪我玩半個小時。」同時，平等好像並不完全適用，給孩子相同數量的糖果、零食、衣服，仍然爭執不斷。老大不喜歡吃蘋果，多少並無所謂，二寶喜歡潮酷的玩具，買衣服並不能讓他開心。

【溝通心理解讀】

父母認為給孩子什麼東西都是平分、完全均等，就是不偏心的表現，孩子間的爭執可能會少一些，但其實孩子對公平的認知是不一樣的，對平等的理解也不一樣。平等，意味

第五章　同伴中的溝通：幫助孩子找到自信

著給自己的要被分出去了，孩子不需要一模一樣的給予，他們需要的是獨特的專屬待遇。

孩子間經常會發生衝突，而衝突的解決，也是孩子尋求關注的方式。父母會習慣性地訓斥某一方，但孩子間的衝突並沒有減少，反而會讓某一方持續受傷。若經常都是關注惹麻煩的孩子，也會讓孩子認為這是吸引父母關注自己的方式，從而越發增加麻煩行為，尋求關注。

【父母該怎麼做】

不要憂慮給孩子的東西是否完全平均，應充分關注每個孩子的個體需求，根據孩子的需求和喜好分配；不要跟孩子說給予他們的都是同等的愛，而應向孩子展示對每個人獨一無二的愛；給予孩子同樣的時間、平等的關愛，反而會適得其反，應根據孩子的需求分配時間。

引導孩子自己解決衝突，不過度干預。在衝突處理中，別把注意力放在惹麻煩的孩子身上，而應放在被欺負的一方，及時給予他安慰和關愛；忽視惹麻煩的孩子，避免他用製造麻煩吸引關注。當孩子出現攻擊性行為時，避免反應激烈，採用訓斥、暴力的方式解決，這樣會給孩子提供解決衝突不好的示範。創造機會，讓孩子互相了解對方的優點，幫助他們理解對方對自己的關照，增加親密感。

第四節　爭寵：孩子間關係的緩和

■ 青春期的爭寵 ■

小麗因為父母偏心弟弟,因此從小就覺得自己不優秀、不漂亮,十分自卑,也不打算戀愛和結婚,她認為自己只有努力學習和工作,才能讓父母看見她的優點。當然,她這樣做既證明了自己,也收穫了幸福。只是,這個過程很艱難。

小偉和小蘭是兄妹,某天小蘭回家在房間裡大哭,父母問了半天也不知道發生了什麼事。第二天放學回家,發現哥哥小偉的臉上有塊瘀青,父母才知道原來昨天放學回家途中,小蘭的幾名同學欺負她,哥哥得知後,幫助了妹妹。小蘭的情緒因此好轉了,兩人之間的溝通增多了,兄妹倆的關係也更親近了。

【溝通心理解讀】

多子女家庭,常出現父母偏心、孩子爭寵的現象,父母偏寵某個孩子,會讓他過度依賴父母,而對另一個孩子的內心造成創傷。對受寵的孩子來說,父母毫無底線的偏愛和溺愛,容易把他慣得驕橫霸道、好吃懶做、自私自利,長大反而混得差。而受父母冷落的孩子,雖然會奮發圖強,但內心已經受到傷害,即便長大有出息,內心仍舊有創傷。

在多子女家庭裡,如果其中一個孩子突然表現得叛逆、不合作、情緒不穩定,那麼就意味著父母需要跟他有一對一

第五章　同伴中的溝通：幫助孩子找到自信

的溝通和陪伴，在輕鬆的氛圍中，與孩子共同活動，探討感興趣的話題，逐漸去了解孩子最近的狀態，從而引導其解決問題。另外，青春期階段，孩子之間是很好的互助同伴，能更加理解對方，有時孩子之間的互相幫助更有效。

【父母該怎麼做】

營造互相理解、支持的家庭氛圍，父母要對孩子不偏寵、不溺愛，對孩子無偏向地支持和鼓勵，避免在孩子間比較、批評、打壓。孩子發生矛盾，父母可以冷靜地觀察，在未發生肢體衝突，或傷害行為之前盡可能不介入，讓孩子在彼此互動和摩擦中完善相處之道。

若孩子長期未和好，父母需介入，分別與兩個孩子溝通，跟孩子建立移情，理解孩子的情緒，幫助孩子看到自己的問題，思考問題如何更好地解決。與孩子共同商定，如果再出現類似的情況，該如何解決。

父母要成為孩子間互助的橋梁，引導孩子間成為互助的夥伴，孩子之間的代溝比父母與孩子之間的代溝小，更能互相理解。

第四節　爭寵：孩子間關係的緩和

■ 溝通良方 ■

多子女家庭中，孩子間關係的緩和是父母非常頭痛的一件事。從二寶出生開始，孩子間的爭寵、爭執便出現了，父母需做好孩子的調和劑，讓孩子間的敵意更少，互相理解、互相支持、互相幫助。

父母在家中需要營造良好的氛圍，給孩子無偏向的關愛、理解和陪伴。嬰幼兒期給孩子盡量公平的陪伴和關愛，發現孩子的差異、找到每個孩子的優點，給予每個孩子獨有的支持；兒童期的孩子會產生為什麼生二寶的質疑，要幫助孩子理解二寶是他們的夥伴、朋友，父母兩個孩子都愛。此時孩子的興趣基本上形成，根據孩子的需求點，給予不同的滿足，當孩子出現衝突時，盡量讓他們養成自己解決問題的習慣；青春期的孩子已經形成了自己獨立的個性，衝突長時間未緩和時，父母盡量引導孩子互相理解，讓孩子之間能互相支持，互幫互助。

第五章　同伴中的溝通：幫助孩子找到自信

第五節　榜樣：尋找榜樣與成為榜樣

榜樣，是在人生不同階段，能夠幫人們指引人生、成長的方向的人物。據一份教育調查，調查對象為小學三年級至高中二年級的在校學生。結果發現：少年兒童的偶像近七成是明星；少年兒童的榜樣中同學、同齡人最多；傑出人物對高中生最具影響力。

嬰幼兒期的榜樣

媽媽在家裡打掃環境、整理家務時，不小心撞到了茶几角，疼得大叫，3歲半的小宇趕緊跑過來問：「媽媽，妳怎麼了？」媽媽捂著腿說：「剛才撞到茶几了，好痛。」小宇立刻蹲下來，幫媽媽揉揉撞到的地方，又用嘴吹了吹：「媽媽，我幫妳揉揉、吹吹，馬上就不痛了，抱抱，好了嗎？」媽媽很驚訝，這一套都是平時小宇摔跤、撞到時，她安慰小宇的方法，孩子完全都學下來了。

小宇最近迷上了看卡通片，媽媽幫他買了雙雨靴，說：「下雨天可以踩泥坑，踩泥坑要穿雨靴。」每到下雨天，小宇就拉著媽媽出去踩泥坑，媽媽就陪著他在外面玩。

第五節 榜樣：尋找榜樣與成為榜樣

【溝通心理解讀】

美國心理學家梅爾索夫（Andrew Meltzoff）的研究發現，剛出生 42 分鐘的嬰兒就能模仿大人吐舌頭了。孩子的模仿能力非常強，父母是他們模仿的對象，父母怎麼做，孩子就怎麼學。父母自己的言行狀態，是最有影響力的育兒神器。

愛看卡通片，是孩子的天性。從卡通片的角色中，孩子也能找到成長的榜樣 —— 佩佩豬的語言表達、行為習慣，汪汪隊的樂於助人，艾莎公主的魅力。在角色相關的動畫、繪本中，孩子都能進行模仿。

【父母該怎麼做】

父母是孩子最直接的榜樣，也是最直接的模仿對象，父母要注意自己的言行舉止，希望孩子成為什麼樣的人，自己就先要為孩子樹立什麼樣的榜樣。父母要在家中營造充滿愛的氛圍，尊重、理解、支持、關愛家庭的每個成員，與孩子共同成長。

在培養孩子各方面能力時，父母可以根據孩子的喜好，選擇一個正面形象，孩子偏愛的卡通形象也可以，在看卡通片、讀繪本中，引導孩子與生活情景相結合，培養孩子的言行舉止習慣。

第五章　同伴中的溝通：幫助孩子找到自信

兒童期的榜樣

　　國外一位 6 歲的孩子幫媽媽賣滷味的影片在網路上爆紅，扣蓋、抖袋、打包、放筷子、裝袋，最後送到客人手裡，動作嫻熟，一氣呵成，餓了吃一口涼麵，有客人來了，趕緊吞一大口，繼續幫媽媽工作。而且，他平時在家也很勤快，做完作業就主動幫忙媽媽。

　　有個爸爸在考汽車駕照的考試中作弊，回家後對著妻兒興致勃勃地大談自己如何「機智勇敢」地躲過監考官，並為自己如此通過了考試而慶幸。沒想到時過不久，兒子作弊，被老師當場「抓獲」。父母無意中的一個不當行為，就會被孩子效仿，結果一下就削弱了平時無數次的正面教育。

【溝通心理解讀】

　　兒童期是一個人發展的關鍵期，相應的品德、智力、個性和能力發展，最容易受到環境和教育的影響。兒童期，每個男孩都本能地將父親視為無所不能的偶像，模仿他形成自己的人格。小學生最為重視榜樣的品德，英雄榜樣往往被賦予崇高的品德，更容易獲得小學生的認同。

　　身邊的同齡榜樣可親、可信、可感、可學，更容易被少年兒童所接受和模仿。少年兒童選擇的榜樣往往是品學兼優的同學，如優秀學生、班上幹部。這些榜樣往往有其人格魅

力,如心地善良、關愛同學、有進取心、有毅力、有正義感等。少年兒童生活在自己的文化圈子裡,同齡人之間相互鼓勵,就形成了最好的榜樣。

【父母該怎麼做】

父母應以身作則,以良好的言行習慣影響孩子。營造良好的家庭學習氛圍,給孩子樹立好的學習榜樣。保持濃厚的求知欲,會給孩子極大感染,激發孩子的求知熱情。帶孩子閱讀名人自傳,藉助名人的智慧和力量影響孩子。

引導孩子看到身邊同齡人的優秀,幫助他們看到同齡人身上的可以學習的品質,如關愛老人、孝敬父母、刻苦學習等。父母在幫助孩子尋找、樹立榜樣時,不僅僅是學習方面的榜樣,更要重視品行方面的榜樣。

青春期的榜樣

國外某偶像組合一名成員,是聯合國兒童基金會青年教育使者,他有自己的追求,積極陽光,考上了伯克利音樂學院,未來還想在音樂的領域繼續深造,是眾多青少年的榜樣。

但後來,該成員在一家餐廳吸菸的畫面遭到曝光,很快,關於偶像成員吸菸的話題在網路上發酵。作為經常出現

第五章　同伴中的溝通：幫助孩子找到自信

在螢幕上的正能量青少年代表，他的部分粉絲還是未成年人，吸菸會引導不少青少年模仿，造成不良影響。該成員也很快公開道歉：「對不起……對自己造成的不良社會影響，我感到十分抱歉和愧疚，很抱歉我做了一個錯誤的示範……作為一名公眾人物，我今後一定會更加注重自身的言行，希望大家不要效仿我的錯誤行為。」

【溝通心理解讀】

很多明星是國中生的榜樣。但孩子缺乏明辨是非的能力，明星的行為，都能成為青少年模仿的對象，現如今網路上經常爆出明星的負面新聞，對孩子都有不好的影響。

青春期孩子的職業理想開始萌發，文學家、藝術家及思想家、科學家更能激勵國中生為夢想而奮鬥。

【父母該怎麼做】

一份關於青少年榜樣的調查顯示，90% 不是演員就是歌手。每個時代都有自己的榜樣，要尊重孩子自己選擇的榜樣，但也要避免娛樂至上的氛圍，明星的負面新聞，會對青少年成長造成負面影響。父母需要適當引導，引導孩子更多學習明星身上積極的特質，看到明星的才華，看到他們為成功所付出的努力，以及他們熱心公益、幫助他人的特質。

青春期同伴的影響力較大，父母要找出與孩子同齡的榜

第五節 榜樣：尋找榜樣與成為榜樣

樣，對他進行激勵與引領，同時幫助孩子看到自己身上的優點，鼓勵孩子成為身邊同學的榜樣。

▍溝通良方 ▍

榜樣可以提供孩子言行舉止的示範。榜樣是孩子前進的方向和動力，激勵孩子前行。榜樣的樹立和選取，是父母需要關注的重要內容。

孩子的榜樣，多數是自己選取，父母需要進行恰當的引導。嬰幼兒期，父母是孩子最直接的榜樣，父母的表情、動作、溝通方式，都是孩子模仿的對象，父母要注意自己的言行、營造良好的家庭氛圍；兒童期，是孩子習慣養成、品行形成的關鍵期，父母需要重視為孩子樹立較好的榜樣，在家中營造讀書的氛圍，找出孩子同齡的榜樣，激勵孩子成長；青春期的孩子，處於價值觀建立的關鍵期，需要透過榜樣的引導，幫助孩子看到榜樣人物身上優秀的特質，也要鼓勵孩子看到自己身上的優點，成為別人追逐的榜樣，建立對自己、對未來的信心。

■ 第五章　同伴中的溝通：幫助孩子找到自信 ■

第六節　異性朋友：杜絕還是引導

在很多父母眼中，孩子與異性朋友的交往，都是「早戀」，會影響學習。父母嚴格禁止異性同伴在一起活動，容易導致孩子對異性產生神祕感，對性別角色缺乏合理認知，不利於心理的健康發展。同時，孩子也失去了與異性交往、學習的機會，對異性交往存在偏見，以後可能因缺乏與異性交往的經驗，導致社會適應不良。

嬰幼兒期的異性朋友

語媽今年剛上小班，最近發生了一件讓媽媽很頭痛的事。和語媽同組的小天，每天都會摸她的頭髮，牽她的手，甚至抱她。有一次，媽媽在影片中看到小天上課時親了語媽，非常氣惱，在家長群組裡說小天媽媽不好好教育孩子，亂親亂抱，嚴重影響語媽，小天媽媽回應說，孩子之間的打鬧，有必要這麼生氣嗎？兩位家長就此大吵起來，最終老師出面協調，將兩個孩子分在不同組，才解決紛爭。

【溝通心理解讀】

孩子在一起抱抱、親親，是表示友好的一種方式，表示

第六節　異性朋友：杜絕還是引導

的是「我喜歡你」、「你很可愛」，並沒有性的成分在裡面。孩子3歲以後建立性別意識，對異性產生好奇，會主動與異性交往。異性同伴間的交往可以幫助孩子分清男孩與女孩的差異，建立清晰的性別認知。孩子在玩家家酒遊戲時，也會以爸爸、媽媽互稱，這些都是孩子對男女角色的認知過程。

孩子的異性朋友敏感期一般出現在4歲左右，也有的孩子在3歲多就會進入異性朋友敏感期最早的初級階段，表現就是對自己父母的喜歡。大部分女孩會說要跟自己的爸爸結婚，而男孩則會說要跟自己的媽媽結婚。

【父母該怎麼做】

父母應透過一些主題繪本和動畫，引導孩子了解男孩、女孩的區別，告訴孩子在與異性同伴交往中，哪些隱私部位是不能讓其他人觸碰的。

孩子的異性交往，不要過於擔憂，孩子用親親、抱抱的方式表達喜歡，父母無須反應過於激動。要逐步引導孩子對親密行為的認知，提醒孩子盡量避免在異性同伴間用這樣親密的動作表達喜歡。

兒童期的異性朋友

小橋平時很喜歡跟鄰居家的姐姐一起玩，兩家的父母看到後，經常開玩笑稱：「小橋，這麼喜歡姐姐，以後把姐姐娶

第五章　同伴中的溝通：幫助孩子找到自信

回家吧。」他們也經常在孩子面前以婆婆、丈母娘互稱，小時候孩子不在意，後來孩子逐漸長大了，父母們還這麼開玩笑，孩子都不開心了，也不太願意一起玩了。

【溝通心理解讀】

有些父母看到兩個異性小朋友在一起玩，有意無意地撮合，對成人來說是個玩笑，但在孩子面前過早地引導，會影響孩子對異性朋友的認知，甚至對異性間的友誼形成偏見。

孩子 10 歲後，會萌生對異性的好感，但「異性好感期」的初期並不是表現出對異性的關注、喜歡，而是以一種相反的方式予以表達。比如，對異性表現出冷漠、輕視，有些男生甚至採取一些不友好的攻擊形式。

【父母該怎麼做】

父母幫孩子做好引導，讓孩子意識到異性間接吻、擁抱的親密行為要等到成年之後，與自己的愛人才可以表達，避免讓孩子接觸到一些不良影片、圖片，教育孩子保護好身體的隱私部位。

引導孩子認知到此階段的男女交往屬於正常的友誼，相互之間要有分寸、有節制、有禮貌，父母引導孩子多與同伴間交往，不能只是單一地與某個異性同伴玩耍，鼓勵孩子擴大交友圈。

第六節　異性朋友：杜絕還是引導

■ 青春期的異性朋友 ■

洋洋今年國三,在班級裡很受女同學歡迎。一次放學途中,媽媽偶然發現洋洋跟一個女生走在一起,有說有笑,媽媽頓時很緊張。第二天中午吃完飯,洋洋出門上學,媽媽悄悄跟了出去,發現昨天的女生在遠處等著洋洋,還看到女生遞給洋洋一塊巧克力。國三,即將面臨學測,媽媽非常擔心洋洋早戀影響學習。回家後和爸爸商量,決定晚上開個家庭會議。

晚上吃飯時,爸爸借最近的同學聚會,跟媽媽談論起以前上學時的經歷,提到男生是如何在女生面前示好的,後來話題轉移到洋洋他們班,問他同學們現在是不是也處於這個階段了,洋洋說自己學校也有類似的現象。爸爸和媽媽藉著話題,跟孩子講了講青春期的學習和異性相處,以及爸爸媽媽對他們這個階段的擔心。這次談話之後,洋洋經常找機會和爸爸交流男女生相處的經驗,聊聊未來的規劃,洋洋的成績不僅沒有下滑,還有了提升,爸爸媽媽終於放心了。

【溝通心理解讀】

青春期處於性意識的覺醒期,容易對異性產生好感,渴望認識異性,產生戀愛的懵懂,但心理不夠成熟,會讓他們變得注意形象、內心敏感、注意力不集中、過度關注有好感

的異性。所以需要正面的引導，以此激發孩子的內在動力，互相學習、互相支持、互相促進。

青春期男女生的正常交往，可以促進孩子「愛商」（Love Quotient，LQ）的形成。愛商是指一個人對於感情的處理能力，是了解愛的本質以及正確接受愛和表達愛的一種能力。

父母過於干涉孩子的異性交往，會出現「羅密歐與茱麗葉效應」。羅密歐與茱麗葉效應是指干擾戀愛雙方愛情關係的外在力量出現時，戀愛雙方的情感反而會加強，戀愛關係也因此更加鞏固。孩子為躲避父母的阻止，關係更加密切，反而影響學習，適得其反。

【父母該怎麼做】

父母應了解孩子青春期的身心發展規律，理解孩子對異性產生好感是正常現象，接納孩子的狀態，營造和諧、溫馨、理解、支持的家庭氛圍，與孩子談論情感的話題，引導孩子建立正確的交往觀，掌握異性交往的禮儀。

父母要避免反應過於激烈，與孩子坦誠交流，相信孩子。另外，鼓勵孩子正常的異性交往，引導孩子樹立正確的戀愛觀、婚姻觀，引導孩子認知到各個階段的重心，鼓勵孩子用戀愛激勵自己努力，並激勵雙方在學習上共同進步。

第六節　異性朋友：杜絕還是引導

■ 溝通良方 ■

異性同伴在一起活動，可以培養自由交往、自由發展的天性；有利於他們社會交往能力的增強，也有利於各自心理的健康發展。父母應合理看待孩子異性間的交往。

嬰幼兒期，孩子的性別意識開始覺醒，會認知到男女生的差異，異性間的交往可以幫助孩子建立正確的性別意識，完善性別認知，父母需引導孩子保護自己的隱私部位；兒童期，孩子間的異性交往，有助於孩子建立健全交際關係圈，父母需要引導孩子認知到異性間交往屬於正常友誼，要避免親密行為；青春期，孩子的性意識覺醒，渴望認識異性，獲得異性關注，父母需要給予孩子恰當的引導，避免反應過於激動，與孩子平和地討論男女生的交往，引導孩子認知到異性交往的禮儀，引導孩子形成合理的戀愛觀，異性間互相尊重、互相幫助、互相激勵學習。

第五章　同伴中的溝通：幫助孩子找到自信

第六章
手機、網路的溝通：
一念親近，一念成恨

■ 第六章 手機、網路的溝通：一念親近，一念成恨 ■

第一節　手機：溝通？學習？遊戲

　　手機的普及，手機 APP 的開發，已讓手機不僅僅只有打電話的功能，拍照、視訊聊天、定位、購物、遊戲等都是手機的功能。但手機帶來的問題也較多，上課玩手機、與陌生人聊天、遊戲成癮、汙穢影片傳播⋯⋯如果完全限制孩子玩手機，又切斷了他們與外界的連繫。如何恰當、合理地使用手機，才是最關鍵的。

嬰幼兒期的玩手機

　　曾經有人做過一次調查：1,000 名 0 至 5 歲孩子中，智慧手機使用率高達 80.4%。其中，3 歲就開始玩手機的孩子占比達到 32.5%！

　　孩子吵鬧時，需要人陪而父母也懶得陪伴時，就塞給他一部手機，拍照、聽故事、看動畫、玩遊戲，瞬間整個世界都安靜了，父母也省心了。殊不知，也就是這樣的過程，手機也逐漸悄無聲息地綁架了我們的孩子。

第一節　手機：溝通？學習？遊戲

【溝通心理解讀】

父母愛看手機、整日抱著手機，孩子一方面對父母整日玩手機、不陪伴自己感到惱怒，但看到父母對手機很著迷的樣子，他們也很好奇，也學著父母去感受手機，於是在父母的指導和示範下，與手機建立了親密的連繫。

嬰幼兒過多地使用手機，會導致孩子視力受損、引發很多眼部疾病，經常看手機，也會導致注意力不集中。

【父母該怎麼做】

注意用眼習慣，增加戶外活動。根據美國兒科學會的建議，不要給小於 18 個月的孩子看影片（視訊聊天除外）；2 至 5 歲的孩子，每天看影片的時間要限制在 1 個小時以內，且中途需要休息。父母陪同觀看，確保內容品質，輔助孩子理解內容。運用「20 —— 20 —— 20」法則：每觀看電子螢幕 20 分鐘，便把目光轉向至少 20 英尺（約 6 公尺）遠的地方，眺望至少 20 秒。

孩子表現出對手機感興趣或玩手機比較在行時，如果採取「視而不見」的態度，就是對孩子產生了強化，鼓勵了孩子玩手機。父母是孩子最好的榜樣，父母在孩子面前要減少使用手機的時間，多陪伴孩子，為孩子講故事、讀繪本、玩親子遊戲，提高親子陪伴的品質。

第六章　手機、網路的溝通：一念親近，一念成恨

■ 兒童期的玩手機 ■

程程今年三年級，很喜歡玩手機遊戲，程程的媽媽也喜歡用手機玩遊戲，程程經常坐在她旁邊看她玩遊戲，程程的爸爸也喜歡玩手機，他喜歡用手機看影片、看新聞。一個週末，程程的媽媽在做家務，程程拿著媽媽的手機玩起了遊戲，媽媽時不時地過來，看到程程的遊戲玩得比她還厲害，時不時地誇讚：「程程，你這遊戲玩得真好，比我還厲害。」

程程的爸爸看到程程已經玩了很久手機，怒吼道：「就知道玩手機，趕緊寫作業去。」程程回答：「媽媽給我玩的，你不也在玩手機嗎？」爸爸提高音量：「我是大人，等你工作了，你也隨便玩！」隨之又訓斥程程的媽媽：「整天就知道帶他玩遊戲，也不教他寫作業！就曉得玩！」程程的媽媽也生氣了：「玩手機怎麼了，遊戲還能鍛鍊他的思維呢，你呢，你怎麼不教他寫作業呢？」……因為玩手機，程程家經常發生這樣的爭執，程程每次都是在父母的爭吵聲中懨懨地去寫作業。

【溝通心理解讀】

父母對孩子教育觀念不一致，經常在孩子面前發生爭吵，會導致父母的教育權威被削弱。孩子會選擇利於自己的一方建立同盟，就像程程選擇了跟媽媽親近，與媽媽一起站在爸爸的對立面。孩子對父母任一方不認同，都會導致內心

的衝突,因為父母原本就是孩子的權威,但長期的衝突與對立,會讓孩子內心產生矛盾,這一矛盾伴隨孩子的成長,會影響孩子的人格發展。

手機使用太多會導致眼部疾病,孩子經常玩手機,活動的參與會減少,影響身體發育,可能讓他們變得越來越孤僻、不願與外界交往。適度使用電子產品可以幫助孩子訓練手腦協調能力,幫助孩子提升對於細微事物的觀察能力,拓展孩子的空間想像力與思維能力等,還能開闊視野,收穫高品質的知識資訊。

【父母該怎麼做】

父母之間有衝突是正常現象,但要避免在孩子面前吵架,尤其是與孩子有關的話題,更要私下溝通。關於孩子的教育、手機使用等,父母在孩子面前要達成統一,不能在孩子面前拆對方的臺。父母之間需互相支持,共同教育孩子,讓孩子能夠接納父母雙方,孩子與父母都能親近,父母都能參與孩子的陪伴、教育、遊戲,互相的抱怨也會減少。

父母需與孩子真誠溝通,傾聽孩子的表達,了解孩子使用手機的目的,設定使用手機的規則。為孩子選擇合適的、適合孩子的 APP,避免使用粗製濫造、有成人畫面的 APP,最好能有父母設定頁面,能夠設定孩子的使用時間,同時能有學習進度和學習結果的回饋。

第六章　手機、網路的溝通：一念親近，一念成恨

■ 青春期的玩手機 ■

某國中 15 歲的學生小劉，因為在課堂玩手機，被班導老師發現後沒收。誰知道當晚 10 點，小劉竟然在家跳了樓！另一位國中生，因為上課玩手機，老師告訴了父母，父母批評了幾句，他一氣之下，選擇了跳樓。還有一位國中生，因為放假天天在家玩手機，被父母批評，竟然留下一條「爸媽，永別了」的簡訊。

【溝通心理解讀】

國內外的相關研究指出，每天在手機輻射下超過 10 小時，可引起神經內分泌功能紊亂，導致注意力不能集中。年輕女性甚至會引起生理週期紊亂。15 至 19 歲的青少年每天使用手機 7 小時以上，容易出現頭痛、焦慮、注意力不集中等問題，還會使得個體逐漸疏遠現實生活中的家庭和朋友，表現出更多的孤獨感、憂鬱和焦慮，人際關係惡化，社交恐懼症加劇。手機傳遞的資訊良莠不齊，也不利於學生樹立正確的價值觀。

青春期的孩子，有強烈的自主渴望，重視自尊、愛面子，一味地控制、制止、批評只會讓孩子產生反抗心理，甚至覺得父母不理解自己，從而產生極端行為。

第一節　手機：溝通？學習？遊戲

【父母該怎麼做】

父母要多關注孩子的狀態，給予更多陪伴和支持，孩子使用手機時，了解孩子為什麼使用手機，給孩子一定的空間和自由。

父母與孩子溝通時需以比較平和的狀態，引導孩子正確看待手機的使用，避免過多地使用手機影響學習和正常的社交。站在孩子的角度理解孩子，與孩子平等、輕鬆地溝通，教會孩子應對挫折、宣洩情緒的方法，避免孩子選擇在虛擬世界中釋放自我，逃避現實。

溝通良方

手機的使用，可以帶來很多便捷，幫助父母盡快地連繫到孩子，幫助孩子與同伴交往，幫助孩子掌握更多的知識，但過多的使用，也會帶來傷害，損傷視力、影響專注力。因此，父母要給孩子適當的引導。

嬰幼兒期，盡量避免使用手機當作陪伴、安撫孩子的法寶，以父母高品質的陪伴和親子遊戲為主；兒童期，設定孩子使用手機的時限，幫助孩子選擇合適的 APP，夫妻雙方達成教育孩子合理使用手機的共識，避免在孩子面前發生爭吵，樹立雙方的權威；青春期，需要給予孩子更多的自主空間，平和地引導孩子對手機的使用，避免與孩子發生衝突，引導孩子合理地宣洩自己的情緒。

■ 第六章　手機、網路的溝通：一念親近，一念成恨 ■

第二節　網路遊戲：堅決杜絕還是一起玩耍

　　隨著網際網路和手機的發展，成癮性網路遊戲、不良小說、網際網路賭博等不斷出現，造成一些中小學生沉迷於遊戲，產生行為失範、價值觀混亂等問題，嚴重影響了中小學生的學習和身心健康，甚至出現人身傷亡、違法犯罪等惡性事件。

■ 嬰幼兒期的網路遊戲 ■

　　瑤瑤今年3歲半，她已經有了自己的專屬平板電腦，平板上下載了很多APP。瑤瑤的父母很喜歡玩遊戲，平時下班回家經常捧著手機玩遊戲，瑤瑤在旁邊哭叫，他們就把瑤瑤抱在懷裡看他們打遊戲。瑤瑤小的時候，睡覺的時間比較多，他們就在瑤瑤睡著後玩。後來瑤瑤沒有睡那麼多了，他們就幫瑤瑤買了個平板，教她看影片、玩遊戲，現在瑤瑤就喜歡抱著平板，自己會開影片，也會下載APP，會玩平板上的遊戲。

　　瑤瑤的父母很開心，因為幫瑤瑤下載的都是與幼兒相關的APP，孩子下載的、看的、玩的也是這一類，他們覺得孩子在玩的過程中懂了很多，歌曲會唱了幾首，知識面也拓展了一些，他們自己也不被拘束了。

第二節　網路遊戲：堅決杜絕還是一起玩耍

【溝通心理解讀】

　　幼兒的模仿、學習能力很強，看父母玩遊戲，他們很快也會模仿，知道在平板電腦上點一點、滑一滑，就可以看動畫、玩遊戲，再點一點、滑一滑還可以開啟新遊戲。幼兒在看動畫、玩遊戲中，鍛鍊了認知思維能力、手指靈活度，潛移默化也會學到一些知識。

　　但他們最需要的還是父母的陪伴，平板會給幼兒帶來一些樂趣，這樣的樂趣與父母的陪伴、關愛相比，還是有所欠缺，經常盯著平板，也會導致視力受損、注意力不集中。

【父母該怎麼做】

　　父母需重視對嬰幼兒的陪伴、照料，平板電腦的陪伴少了人性的關懷。孩子長期對著平板，缺少與成人的溝通，缺乏父母的關愛，行為習慣、表達能力都得不到鍛鍊。父母需要多花些時間，耐心陪伴孩子玩一些親子遊戲，為孩子講故事、讀繪本。

　　嬰幼兒的動畫、教育遊戲 APP，確實可以讓孩子學到一些知識、鍛鍊認知思維能力，父母可以有選擇性地讓孩子接受相關的學習，但也要有時間限制，孩子每天對著手機、平板不能超過一個小時，以防影響視力、注意力的發展。

第六章　手機、網路的溝通：一念親近，一念成恨

兒童期的網路遊戲

網路上曾流傳一封「偏鄉兒童」寫給捐贈志工的信：「叔叔，我不喜歡你們帶來的東西，我想要一部可以打手遊的手機。或者以後你們給我錢，我們自己買喜歡的東西……」

有報導稱，一名小學生玩遊戲 14 分鐘，花掉 4 萬元；一孩子玩網路遊戲儲值 1 萬多元；一名 11 歲男孩用自己的奶奶的手機以獲取驗證碼，贊助直播主花掉了家裡 40 萬元；一名 12 歲男孩用膠帶複製父母指紋後在遊戲裡儲值 30 萬元。這些孩子對於遊戲的熱衷使其不惜盜用父母的帳戶進行儲值，甚至還發生了孩子玩遊戲儲值，因儲值費用要不回來，家裡發生爭執，孩子跳樓身亡的事件。

【溝通心理解讀】

網路遊戲中階段性的更新強化，滿足了孩子的心理需求，孩子在日常生活中得不到的獎勵、實現不了的目標，從遊戲中得到了替代性的滿足。父母如果一味地指責、訓斥，孩子只能從遊戲中得到快樂，反而強化了孩子遊戲的快樂體驗。缺少教育、引導、關愛的兒童，尤其是偏鄉兒童，更容易沉迷於遊戲，傾向於從遊戲中獲得快樂。

孩子間互相比較，也會有一些玩遊戲的比較、競爭，導致兒童間網路遊戲的盛行。另外，有些孩子也因缺乏道德觀

念、金錢觀念,分不清遊戲幣與現實中金錢的差異,而在父母不知情的情況下幫遊戲儲值。

【父母該怎麼做】

父母在平時的教育中,需要給予孩子更多的關愛、支持、理解、鼓勵,孩子在生活中獲得關愛、鼓勵,就會減少從遊戲中尋求相應的體驗。營造和諧、溫暖的家庭氛圍,避免爭執的氛圍造成孩子壓力過大,只能從遊戲中尋求釋放。父母需與孩子商定玩遊戲的規則,限定時間,了解孩子在玩什麼遊戲,盡量減少遊戲帶來的負面影響。

創造機會讓孩子理解金錢的概念,帶孩子體驗生活,理解金錢一分一毫來之不易,了解文具用品、生活用品、食物、衣服的價格,對錢物消費有直觀的理解。

青春期的網路遊戲

數據顯示,2018 年亞洲網路遊戲使用者規模達 6.51 億人,其中青少年使用者已超過 2 億人。

2018 年 8 月 30 日,一名 13 歲的少年墜樓身亡。少年之死,被其家屬歸因於一款遊戲。孩子在墜樓前一直在玩這一遊戲,遊戲中的場景都是寫實風格的畫面,遊戲角色經常直接從高處跳下,也不會直接死亡,只是生命值稍微損傷。少

第六章　手機、網路的溝通：一念親近，一念成恨

年從小喜歡模仿，墜樓很可能是模仿遊戲的行為，分不出虛擬和現實。

【溝通心理解讀】

網路遊戲是青少年逃避現實的一種方式，青春期的孩子，經歷著由兒童向成人的轉變，經歷著身體的成熟而心智不夠成熟的衝突，學習、生活中經歷著前所未有的壓力，尤其是存在家庭矛盾的孩子，沉浸在網路遊戲中，可以讓他們忘記現實的痛苦，甚至導致他們分不清虛擬和現實的情況。

網路遊戲是青少年之間互動交流的一種形式，青少年沉迷於網路遊戲中虛擬的快樂，減少了在現實世界中與父母、老師、同學的溝通交流，這不利於青少年的身心健康發展，也極容易在這種情況下迷失方向。

【父母該怎麼做】

父母可以主動了解孩子感興趣的、正在玩的網路遊戲，與孩子建立共同話題，客觀地看待遊戲，甚至可以每週抽出一些時間和孩子一起玩兩局遊戲。在遊戲的互動中，縮小代溝，拉近親子之間的關係，與孩子商量好玩遊戲的時間，確保遊戲不影響學習，只是將遊戲作為一種娛樂消遣。

合理引導青少年使用教育學習的遊戲APP，讓孩子在教育類遊戲中獲得樂趣、釋放壓力、實現自我的認同，同時鍛

第二節　網路遊戲：堅決杜絕還是一起玩耍

鍊認知思維能力，增強團隊合作能力，促進孩子在快樂遊戲中學習、成長。

溝通良方

網路遊戲的盛行，有利也有弊，父母需要合理看待。既要能看到長期沉迷於遊戲可能造成的視力受損、注意力缺乏、溝通能力受限等負面影響，也要能看到孩子從遊戲中體驗的快樂、自我認同、思維能力的鍛鍊等。

在嬰幼兒期，父母需要盡量避免在孩子面前玩遊戲或透過遊戲止哭，應以父母的陪伴、玩耍為主，控制孩子接觸電子產品的時間；兒童期，父母需要給予孩子充分的關愛、鼓勵、支持，避免只能從遊戲中尋找快樂、從遊戲中獲得自尊滿足的現象，了解孩子所玩遊戲，及時引導，防止產生負面影響，幫助孩子理解金錢的觀念，避免鉅額充值事件的發生；青春期，父母可以利用遊戲，與孩子建立溝通話題，在輕鬆的氛圍中，與孩子商定玩遊戲的規則，盡量不因遊戲影響學習，幫助孩子尋找合適的教育類遊戲，讓孩子既能遊戲，也能學習。

■ 第六章　手機、網路的溝通：一念親近，一念成恨 ■

第三節　網路成癮：戒斷沉溺

2018 年，世界衛生組織在第 11 版《國際疾病分類》中，將「遊戲成癮」正式列為「成癮性精神障礙」的精神疾病之一，其相關症狀包括無節制地沉溺於遊戲；對玩遊戲的頻率、時長、強度等缺乏自制；因遊戲而忽略其他興趣愛好和日常活動；明知遊戲對學習、生活產生了負面影響卻仍沉溺其中；症狀持續至少 12 個月等。

根據一份調查研究報告，亞洲城市青少年網路使用者中，網路成癮的青少年約占 14.1%，人數約為 2,404.2 萬；在城市非網路成癮青少年中，約有 12.7% 的青少年有網路成癮傾向，人數約為 1,858.5 萬。

■ 嬰幼兒期的網路成癮 ■

初為人父母的家長，還未適應父母的身分，嬰兒的哭鬧、經濟的壓力、生活的負擔、夫妻的磨合、工作的壓力，成了一些新手父母無法面對、解決的多重困擾，有時便在網路遊戲中逃避現實，甚至沉迷其中無法自拔。

由於嬰幼兒年齡偏小，其網路成癮現象較少，本文不再論述。

第三節 網路成癮：戒斷沉溺

■ 兒童期的網路成癮 ■

小旭是一名小學四年級的男生，學習成績處於班級中下，平時話很少，說話聲音也很小，但很喜歡玩遊戲。最近一段時間老師發現小旭經常上課不專心，有時還偷偷玩遊戲。經過了解才知道，小旭的父母最近正在鬧離婚。

小旭從小就在父母的爭吵聲中度過，他們情緒好時，會來看看小旭學習，情緒不好時，對他幾乎不予理睬，有時還把他當成出氣筒。每次公布成績時，家裡基本都會有一場大吵。小旭自從玩了遊戲，發現可以忘記周圍的一切，一開始只要有煩惱就玩遊戲，現在已沉迷且不能自拔。

【溝通心理解讀】

過度沉迷於遊戲會影響孩子的身心健康、認知發展、社會適應能力等。而孩子沉迷於遊戲一般也有相應的原因，比如，家庭氛圍緊張、學習壓力過大、父母經常訓斥、父母於孩子教育的缺失等，孩子不得不在網路中逃避現實。

孩子缺乏對自我的控制能力和管理能力，若父母對孩子的監管缺失，會讓孩子失去學習自我管理、自我控制的機會。父母與孩子商定了的計畫、行為規則，必須嚴格執行，父母也應給孩子樹立典範，做到「言必行，行必果」。

■ 第六章　手機、網路的溝通：一念親近，一念成恨 ■

【父母該怎麼做】

父母應理智、客觀地看待孩子玩遊戲的情況，不能盲目地認為孩子玩遊戲的時間一長就是網路成癮，而過度焦慮對待孩子網路的使用，強制阻止孩子接觸網路遊戲，因為這反而會造成孩子的反抗心理，偷偷也要玩。給孩子適當的機會接觸網路遊戲，對孩子也是一種放鬆，也能防止孩子過度渴求而沉迷其中。

營造溫馨、和諧的家庭氛圍，父母保持穩定、平和的情緒狀態，避免過多地批評、打壓孩子。引導孩子掌握一些情緒調整的技巧，比如，深呼吸、運動、傾訴等，讓孩子在受挫時能有疏解的管道，不是一味地在網路中逃避現實。

父母需與孩子商定玩遊戲的時間規則，並溫柔而堅定地執行。在孩子玩遊戲快要到時間時，可以及時提醒，坐在孩子旁邊，讓孩子看著自己，平和地與他溝通：「今天的遊戲時間已經結束。」如果是線上遊戲，等他這一局打完及時結束。

青春期的網路成癮

「網路成癮」概念最早由國外學者葛爾·柏格（Ivan Goldberg）提出，其後諸多研究證實了這一現象的存在。一位學者編撰的《青少年網路成癮量表》形式簡單、易操作，可供大家自行評估一下自家孩子是否已存在網路成癮現象。具體如下。

01. 透過逐次增加上網時間獲得滿足感。
02. 經常不能抵制上網的誘惑，一旦上網很難下來。
03. 下網後總難以忘記上網時所瀏覽的網頁、聊天的內容等。
04. 不上網時會很難過，並想方設法尋找上網的機會。
05. 停止使用網際網路時會產生消極的情緒體驗，如失落感和不良的生理反應。
06. 每次上網實際所花的時間都比原定時間要長。
07. 為了上網而放棄或減少了重要的娛樂活動、人際交往等。
08. 有時，為了上網而放棄了學習和上課。
09. 對家人、朋友和心理諮商人員隱瞞了上網的真實時間與費用。
10. 將上網作為逃避問題和排遣消極情緒的一種方式。
11. 總嫌上網時間太少，不能滿足要求。
12. 長期希望或經過多次努力減少上網時間，但未成功。

　　在參考以上問題進行自我評估或父母評估時，若對其中8個問題都回饋了肯定回答，一般則認為有較強的「網路成癮」傾向，需給予足夠重視，必要時可尋求專業人士的幫助。

■ 第六章　手機、網路的溝通：一念親近，一念成恨 ■

【溝通心理解讀】

　　網路遊戲成癮者在沉迷於遊戲的同時，還會引發很多其他問題。嚴重的，分不清現實世界和虛擬世界，無法控制自己的沉迷行為，甚至出現極端行為；過度遊戲還會導致過動症、憂鬱症、精神分裂症等；也有些青少年長期沉迷於網路，出現不能面對現實世界、社會適應困難的症狀，甚至發生應對失能，從而被邊緣化。

　　好的家庭環境對青少年具有保護作用，溫馨的情感氛圍、輕鬆的溝通環境和民主、和諧的家庭，可以幫助孩子減少孩子網路沉迷行為的發生。

【父母該怎麼做】

　　父母應避免在家庭中以衝突、爭執的方式處理分歧，避免將孩子捲入衝突之中。在家中形成民主、平等的溝通氛圍，與孩子共同協商每週玩遊戲的時間，對於商定的規則需堅定地執行。

　　與孩子共同學習一些克服網路成癮的方法，比如，認知行為療法。幫助孩子改變「我很糟糕」、「我無法控制自己」等不合理信念，與孩子一起分析、羅列經常上網的好處與壞處，促進孩子時刻提醒自己，引導孩子學會自我暗示，相信自己能控制上網的衝動。

第三節　網路成癮：戒斷沉溺

如果父母已經無法幫助孩子從沉迷於遊戲的狀態中走出來，孩子也符合成癮標準判斷，要及時求助專業的心理治療機構，並給予孩子足夠的情感支持，幫助孩子從成癮狀態中走出來。

溝通良方

無論是兒童、青少年還是成人，網路成癮都會帶來較多的負面影響，過度沉迷於網路，與現實生活脫離，認知思維能力、社交能力的發展都受影響，因此需及時進行疏導治療。

父母對於孩子接觸網路遊戲，需保持冷靜、理性、客觀的態度，避免過度焦慮而強行阻斷他們與網路的任何接觸。與孩子商定玩網路遊戲的時間規則，並作好孩子的榜樣，控制自己玩手機、玩遊戲的時間。溫柔而堅定地對孩子執行規則，確保規則的落實。幫助孩子掌握情緒疏導、壓力和挫折應對的方法，避免在網路中逃避現實。當孩子出現網路成癮傾向時，要透過專業的方法，幫助孩子逐漸擺脫沉迷，嚴重的網路成癮現象，父母需及時帶孩子尋求專業的心理治療，幫助孩子從成癮狀態中走出來。

■ 第六章　手機、網路的溝通：一念親近，一念成恨 ■

第四節　流行語：縮小代溝的媒介

網路讓人與人的交流變得更加便捷，隨之而來的網路語言，也被一代一代青少年廣泛使用，網路流行語新穎、幽默，但父母經常不知所云，形成了父母和孩子之間溝通的障礙。

■ 嬰幼兒期的流行語 ■

小米今年剛上幼稚園，與幼稚園同班的幾位同學都成了好朋友，每次回家都會講一講今天在學校跟好朋友一起上課、吃飯、遊戲的場景。今天放學後，小米一直在唱歌，說她的好朋友小福在學校一直唱，她也就學會了。

小米在家一直唱，爸爸媽媽查了半天，也沒查到什麼歌。過了幾天，偶然間，爸爸發現了是一個短影片的配樂。從那之後媽媽發現小米時不時地唱著跟同學新學的歌，而這些都是短影片上的熱門背景音樂。

【溝通心理解讀】

孩子在 3 至 6 個月階段，為無意義音節的發音階段，如「咿咿呀呀」等；6 個月開始模仿ㄅ、ㄆ、ㄇ的發音，會發出

第四節　流行語：縮小代溝的媒介

「爸爸」、「媽媽」等雙唇音；1 歲以後，孩子掌握了簡單字語的發音，掌握了較多的日常基本詞彙，逐漸從詞語表達句子的含義過渡到簡單句的表達；從 2 歲開始，孩子掌握了句子的表達，並開始學會用語言進行評價；3 至 4 歲的孩子願意與他人交談，能掌握豐富的詞彙，句子的表達也大量增加；4 至 6 歲是孩子語言綜合表達能力發展的階段，語音、語法、詞彙、語言的表達能力都得到很大發展。

孩子的模仿能力很強，父母在瀏覽網頁、看網路影片時的話語，一起觀看的孩子都會進行模仿。

【父母該怎麼做】

父母在平時的吃飯、穿衣、洗澡、遊戲等活動中，多與孩子互動，幫助孩子理解語言對應的物品、動作，強化語言環境，引導孩子多模仿自己說話，將孩子說出來的單字拓展成句子回饋給孩子，幫助孩子理解。

父母需要多陪伴孩子，經常與孩子透過對話、提問、豐富的表情言語回饋、繪本故事等，為孩子提供豐富的語言素材。在孩子表達時，給予積極的鼓勵。父母帶孩子時，盡量避免在孩子面前頻繁看影片，孩子沒有辨別力，看到的、聽到的都會模仿，尤其一些危險、暴力的鏡頭更要盡量避免。

第六章　手機、網路的溝通：一念親近，一念成恨

兒童期的流行語

四年級的小童，最近回家跟爸爸媽媽聊天時經常講起在學校的經歷，時不時地穿插幾個英語單字在裡面，媽媽開始覺得小童可能是在學老師教他們在生活場景裡用的英語單字。但經過幾次後，媽媽覺得很奇怪，問小童怎麼回事。原來這是他們同學之間流行的一種表達方式，他們覺得這很好玩。

聽完小童的解釋，媽媽自嘆老了，不知道他們這些新奇的表達。小童聽媽媽這麼說，越發興奮，跟她講了很多在學校裡學到的新詞。媽媽邊聽邊笑，小童也很開心，很久沒有跟媽媽這麼開心地聊天了。

【溝通心理解讀】

孩子對於網路流行語的認知，一方面是透過家庭中家人的使用；另一方面，因為網路的接觸在兒童同伴間的流行，孩子出於模仿的心理，形成了流行語表達的氛圍。父母對流行語的接納態度，也促進孩子對流行語的使用。

由於接觸網路的差異、家庭使用流行語的差異，許多孩子在入學之前，接觸到的同齡孩子並不多，網路流行語的使用存在差異，這導致同伴間的溝通、理解存在差異，有些不太了解流行語使用的孩子還會被視為異類，甚至被孤立。

第四節　流行語：縮小代溝的媒介

【父母該怎麼做】

父母不必對孩子使用流行語產生擔憂,更不應橫加干涉、阻止使用,父母應更多地理解孩子。孩子使用流行語是孩子之間溝通的方式,是他們抒發情感的新方式,也是創造性的表達的過程。

父母放下面子,坦言自己對孩子所使用的流行語的不了解,與孩子以此為話題,可以進一步了解孩子在學校的學習生活和孩子的同伴關係情況,對孩子的心理狀態也會有更多的了解,拉近親子關係。

青春期的流行語

現在有許多符號和文字,看著讓人摸不著頭緒,但它們已經成了「00世代」廣泛使用的語言,但父母看了基本不知所云,不明白他們的交流內容和表達的思想,甚至瞎猜含義對孩子進行訓斥。伴隨著他們的成長,這些網路流行語已逐漸被更多族群熟知。

【溝通心理解讀】

青少年使用流行語,一方面彰顯自己作為新時代、新族群的獨特性,形成屬於自己這個族群的獨特文化;另一方面,流行語多使用在同伴之間,他們用流行語交流,也是將自己

第六章　手機、網路的溝通：一念親近，一念成恨

劃入這個族群中，與同伴保持一致，同伴之間的交流也更富有樂趣。

青春期的孩子處於情感懵懂期，他們將自己懵懂的情感透過網路語言的轉換後，在個人空間、日誌中表達，更隱祕也不容易被發覺，同時也達到了情感發洩的效果。青春期孩子的反抗心理使他們不願用傳統的規範化語言進行表達和溝通，用流行語能顯得自己更加隨意和個性。

【父母該怎麼做】

父母應對孩子使用流行語保持開放、寬容的態度，而不是嚴令禁止、杜絕使用，需要理解孩子使用流行語表達的含義，並能主動了解、學習、掌握一些孩子經常使用的流行語，與孩子的溝通中偶爾使用這些流行語，可以拉近與孩子之間的距離。

父母需對網路流行語有所了解和甄別，對這些流行語進行解碼，掌握孩子目前的心理動態，對具有負能量的、消極的網路流行語能及時提醒和引導，避免其對孩子產生負面影響。

溝通良方

流行語是一個時代的溝通文化，是族群身分的象徵，是情感的宣洩與表達。網路的便捷，也促進了流行語的盛行。

第四節　流行語：縮小代溝的媒介

　　父母在與孩子的溝通中，對流行語的使用持接納的態度，有利於拉近和維繫親子關係。父母主動地了解流行語，向孩子求教的過程，有利於進一步了解孩子的狀態及同伴關係，與孩子在溝通中偶爾使用流行語，也會拉近與孩子之間的距離。但需要對孩子有所引導，避免孩子模仿負能量、暴力內容。

第六章　手機、網路的溝通：一念親近，一念成恨

第七章
挫折中的溝通：
也無風雨也無晴

第七章　挫折中的溝通：也無風雨也無晴

第一節　孤立：
走自己的路，讓別人「無路可走」

人是群居動物，都有社交的需要，但有調查發現，5%到6%的孩子曾在上學時被其他孩子孤立，甚至因此而恐懼上學。這樣被孤立的經歷，如果處理不當，很可能成為孩子一生的創傷，對其往後與人的交往都會產生影響，甚至有人因此變得孤僻、憂鬱，出現極端行為。

嬰幼兒期的孤立

社區公園裡幾乎所有的小朋友都願意跟珠珠玩，珠珠很小時就經常被帶到公園來。媽媽教她主動介紹自己，和小朋友互相認識，引導她熱情和別人打招呼，帶著零食、玩具和大家分享。珠珠無論在哪裡碰到了認識的人，都會大聲、熱情地打招呼，追著和大家一起玩。

小胖跟珠珠同齡，住在同一個社區，小胖由奶奶帶，因為比較重，奶奶抱不動他，很少帶他下樓玩。等到會走、會跑時，奶奶帶他到公園，小胖也是黏在奶奶身邊，不會主動與小朋友一起玩，偶爾與小朋友在遊玩中發生爭執，他奶奶也立刻上前制止、訓斥，小胖至今也沒有特別要好的朋友。

第一節　孤立：走自己的路，讓別人「無路可走」

【溝通心理解讀】

　　孩子最開始透過物品交換和分享與他人建立友誼關係，逐漸傾向於和有共同興趣愛好的夥伴建立更長久的友誼，這些都屬於一對一的人際關係。孩子從 5 歲開始進入人際交往敏感期的第三個階段，從單一的一對一關係發展到個體與小團體之間的關係。在這樣多元的關係中，孩子社交技能的逐步累積為成人後與群體、社會的關係打下基礎。

　　父母對於孩子交往的態度、是否教給孩子交往的技能，會影響孩子同伴友誼的建立和維繫。防止孩子受傷而不讓孩子與其他小朋友一起玩，溺愛孩子、不讓孩子受一點委屈，覺得哪位家長跟自己教育理念不合，就不讓他家孩子與自家孩子一起玩，這些都不利於孩子建立友誼。

【父母該怎麼做】

　　父母需要創造機會，引導孩子融入小團體，從兩人好友，逐漸嘗試 3 人的小團體，再嘗試融入更多的人。給孩子主動接觸小朋友的機會，教給孩子與朋友相處的技巧。

　　在孩子出現矛盾時，若不涉及身體傷害，不需要立即上前制止、訓斥，給孩子自己處理問題的時間和空間，讓孩子在矛盾處中逐漸掌握團體交往的技能，培養孩子合群的特質。

第七章　挫折中的溝通：也無風雨也無晴

■ 兒童期的孤立 ■

元元是一名小學三年級的學生，因為父母對自己管得太嚴，幾乎不接觸網路、遊戲，對同學們所談論的內容一概不知，班級同學跟他找不到共同語言，同學們逐漸孤立了他。

回家後父母跟元元了解在學校的情況，元元告訴他們沒人跟自己玩，元元的爸爸立刻讓他自己找原因，元元說同學們談論的他都不知道，元元的媽媽對他說，那些不知道也罷，不當朋友也罷。

【溝通心理解讀】

孩子在 6 歲左右開始確立自我意識，並形成了清晰的群體觀念，都有社交需求。在學校的群體中，有些孩子表現欲強，以自我為中心，有好勝心；有些孩子比較內向、自卑；有些孩子表現出一些與群體都不一樣的行為特徵，例如，不衛生、過胖、愛發脾氣等。那些被孤立的孩子，往往具有獨特的行為或軀體特徵，在孤立他人的小團體中，也會有一兩位比較強勢的同學，利用本人的影響力，鼓動他人孤立、排擠他們看不順眼的人。

孩子被孤立有很多原因，可能是身形、體貌特徵，可能是家庭背景，可能是獨特的行為習慣，甚至可能因為經常被老師表揚。被孤立對待的方式也有很多，所有人都不跟他說

第一節　孤立：走自己的路，讓別人「無路可走」

話，小組活動沒有人願意接納，座位抽屜裡被塞垃圾等。而孤立他人的人，往往將孤立視作對他人的懲罰，試圖控制、壓制對方。

【父母該怎麼做】

父母需要多關心孩子的狀態，及時發現孩子的不尋常之處。若發現孩子被孤立，應先安慰孩子，撫慰他的狀態，告訴孩子父母一定會支持他，幫助他走出困境。

父母和孩子一起探討、分析可能導致孩子被孤立的原因，一起商量解決方案，幫助孩子做出調整，培養孩子的自信心和溝通技能。若孩子自己的嘗試沒有效果，父母可以幫助孩子建立同盟，透過發起家庭聚會、約其他家庭一起出遊的方式，幫助孩子先交到一兩個朋友，再逐步改善被孤立的情況。同時也可以尋求老師的幫助，請老師引導同學們認可、接納孩子。

青春期的孤立

小文是一名國二的女生，平時學習非常認真，班導老師經常在班級同學面前表揚她，要所有同學都向她學習。有一天，小文發現自己忘記帶橡皮擦了，跟同學借，同學說自己也沒有帶，在周圍借一圈，結果都沒有借到。她才意識到同學們都在

第七章　挫折中的溝通：也無風雨也無晴

刻意疏遠自己，上學途中、課間、體育課，沒有一位同學願意理睬自己，甚至有位女生直接說：「妳去告訴老師啊！」

小文不知道自己做錯了什麼，課間就到操場上跑步，快上課時才進教室。有一次還被班導叫到辦公室談話，被質問為什麼不合群。老師要她不能只顧學習，不交朋友。小文嘗試著與同學說話，卻仍然被孤立，只能自己躲在被窩裡哭泣。

【溝通心理解讀】

被孤立的孩子會有強烈的負面情緒體驗，恐懼、憤怒、內疚、自責、自我否定、憂鬱，同時可能會出現失眠、厭學、自殘、自傷，甚至自殺的極端行為。而這樣的負面體驗和經歷變成成長的創傷，對以後的人生都會產生影響，可能會在社交中更加小心翼翼、獨來獨往，甚至為討好別人，丟失了自己。

約翰霍普金斯大學的莎朗・金（Sharon Kim）教授及其研究團隊發現，對於那些原本就特立獨行、覺得自己「與眾不同」的人們來說，遭遇社會拒絕，恰好印證了他們對於自己的看法，從而激發了他們的創造力。

【父母該怎麼做】

父母需要關注孩子的狀態，在得知孩子有被孤立的情況後，不能一味地指責、批評，要他從自己身上找原因，要平

第一節 孤立：走自己的路，讓別人「無路可走」

心靜氣地坐下來，傾聽孩子講述他的經歷，及時地給予孩子擁抱和安慰，給予孩子理解、支持，幫助孩子找到可能被孤立的原因，能改變的及時改變。

若父母和孩子探討發現，孩子被孤立的原因是因為各方面都做得出色，需要幫助孩子調整好心態，適當低調，接納自己，同時也讓孩子看到自己的優秀、自我肯定。

▎ 溝通良方 ▎

被孤立可能會導致孩子一生的創傷，自卑、自我否定、社交恐懼、憂鬱，甚至出現自殘、自傷、自殺等極端行為。因此，父母需要幫助孩子進行疏導。

父母需在孩子的成長中，教會他們一些基本的人際交往技巧，培養孩子的自信、同理心和分享意識。發現孩子被孤立時，要能以平和的心態傾聽孩子的表述，理解、支持、安慰、鼓勵孩子，與孩子一起分析被孤立的原因，探討解決方案，透過家庭聯誼活動，幫助孩子結交穩定的朋友。

第七章　挫折中的溝通：也無風雨也無晴

第二節　霸凌：孩子如何自我保護

　　網際網路公開資料顯示，全世界每年有 2.4 億學生遭受過校園霸凌，比例高達學生總數的 32%。根據一份調查報告的公開資料，在 3.6 萬多名受訪者中，超過一半的人經歷過校園霸凌，有 1/4 的受訪者欺負過別人，絕大部分霸凌者也都被別人欺負過。受訪者中 38.2% 的被霸凌者徹底放棄學業，30% 的被霸凌者轉學到其他學校，24.6% 的被霸凌者短期不來上學。

　　霸凌可以分為關係霸凌、言語霸凌、肢體霸凌、性霸凌等類型。其中，肢體霸凌對孩子傷害最為直接和嚴重，造成的後果及影響也最為惡劣。

嬰幼兒期的霸凌

　　雖然校園霸凌更多發生在中小學，但其實幼稚園裡也存在霸凌行為。小豪的爸爸媽媽都是獨生子女，爺爺奶奶、外公外婆都爭著寵他。他成了家裡的寶貝，向來要什麼有什麼，不管什麼要求都能得到滿足。

　　上了幼兒園之後，小豪也成了班裡的「小霸王」。一天，

第二節　霸凌：孩子如何自我保護

小豪的爸爸媽媽被老師請到了學校，原來小豪今天看到小胖帶了個變形金剛玩具，十分想玩，就搶了過來，還打了小胖。而平時小豪也經常跟同學發生爭執，看到喜歡的就要別人給他，打架經常發生。

【溝通心理解讀】

幼年的孩子很少懷有真正的惡意，多數都是模仿他們看到的行為。孩子的搶占等不良行為習慣，多數也是父母的誤導、教育不當造成的。孩童時期遭受的霸凌，會導致學生產生嚴重的心理創傷，形成心理陰影，這種創傷甚至會影響孩子的一生。

有以下特徵的孩子容易受到霸凌：與同學相比顯得不同的孩子，比如，太胖、太瘦、戴眼鏡、穿著特殊的孩子；經濟條件不好的孩子；膽小、焦慮、自卑的孩子；沒什麼朋友的孩子。

【父母該怎麼做】

如果孩子在幼兒園裡是個「小霸王」，需要意識到家庭教育的問題，早點干預，讓孩子意識到他的行為會帶來的危害，避免孩子做出傷害他人的行為。父母也需要培養孩子一些融入集體、免受欺負和傷害的技巧。

聽到孩子受了欺負，作為父母，要引導孩子說清楚事情

第七章　挫折中的溝通：也無風雨也無晴

的來龍去脈，及時安撫孩子的情緒，幫助孩子排解情緒。父母會心疼和氣憤，但是需要盡量控制情緒，避免給孩子做暴力示範，或產生更極端的後果。父母需要加強對孩子身體的鍛鍊，遇到被欺負的情況能做到自我保護。

兒童期的霸凌

多多今年 7 歲，剛上小學一年級。有一天，多多的媽媽突然發現女兒的眼睛裡會時不時地冒出一些小紙片，家人趕忙帶她到醫院就診，醫生竟從她的眼睛裡取出了幾十張小紙片。經過了解，原來是在學校有兩名小男生欺負多多，往她的眼睛裡塞紙片。

小學生霸凌現象的報導越來越多，有恐嚇、收取保護費而刺傷別人的；有因為女孩長得漂亮，遭到暴打的；有因為學習非常認真，遭受同學排擠的。小學生遭受的霸凌，往往不止一次，但他們一般不敢求助，有些造成了非常嚴重的後果。

【溝通心理解讀】

有些霸凌者剛開始欺負同學時，往往也忐忑不安，但發現被霸凌者和旁觀者都沒有反抗，就越來越膽大；有些霸凌者由於家庭、性格、學習等不良因素，難以透過正常途徑獲

第二節 霸凌：孩子如何自我保護

得尊重，透過欺壓其他同學，在被霸凌者的服從和恐懼中體驗優越感，使自尊心得到補償。

被霸凌的孩子因為感到屈辱，因害怕被更嚴重地欺凌、害怕被小團體拋棄、害怕被貼上「打小報告」的標籤，不敢求助。遭受欺凌後，有的孩子會出現性格缺陷，甚至還可能會自殘、自殺，有的孩子會走向另一個極端，成為施暴者。

【父母該怎麼做】

父母平時要做好教育引導，避免在孩子面前有暴力行為，營造良好的家庭氛圍，要讓孩子意識到沒有人具有欺負他人的權利，霸凌行為是錯誤的且是具有較大危害的。告訴孩子若出現被霸凌行為，要及時向父母、老師求助。

如果父母發現了孩子表現異常，情緒低落，身上出現瘀青、血跡等情況時，要及時給予孩子關愛、陪伴，引導孩子勇敢地說出來經歷了什麼，讓孩子知道父母永遠在他身邊支持他，讓他明白被霸凌不是他的錯，給予孩子理解和安慰，引導孩子宣洩情緒。孩子在講述自己被霸凌的經歷時，父母不能武斷地先要求孩子反思，或在孩子面前表現出較大的情緒波動，應給予孩子理解、關愛、支持，必要時進行心理治療。

另外，父母需要透過合理、有效的手段，求助學校、相關部門，幫助孩子解決威脅，避免再發生更嚴重的後果。

第七章　挫折中的溝通：也無風雨也無晴

■ 青春期的霸凌 ■

2019 年 7 月 21 日晚，一位十二三歲的小女孩在某公園被跪打欺凌；2019 年 12 月 2 日，15 歲的女生索要錢財未果，夥同他人毆打一名 13 歲女生；2019 年 11 月 28 日報導，某學校 15 歲女生在宿舍連續 2 天遭 5 名同學欺凌。

校園霸凌行為從發生後，再到被知曉，對被霸凌者身心的傷害和負面影響是多方面、深層次的。同時，很多校園霸凌事件透過手機在網際網路上迅速傳播，在校園及社會上造成極其嚴重的負面影響和輿論壓力，造成了對受害學生不可逆的二次傷害。

【溝通心理解讀】

2014 年，《美國精神病學雜誌》(American Journal of Psychiatry) 釋出的一項新研究發現，童年時遭受的霸凌，可能會影響一個人的一生，會造成孩子懦弱的性格，導致孩子害怕社交。孩子還常常出現情緒低落、食慾變差、厭學、焦慮、身體疼痛及行為異常等。

經常受到家庭壓迫，沒有自我發表意見權利的孩子，容易在學校中遭受霸凌。這樣的孩子在父母眼裡就像一個棄兒，也習慣了被父母壓迫。學校中當同學們一次次試探之後，如果這個孩子不知道反抗，逆來順受，就容易被其他同學霸凌。

第二節　霸凌：孩子如何自我保護

一些心智尚未成熟的青少年，渴望得到同齡人的讚許、崇拜，但卻採取了強勢的方式，言語欺負、暴力傷害，霸凌其他同學。有些來自不健全家庭的孩子，可能從小遭受家庭暴力或其他暴力對待，便逐漸出現反社會人格的傾向，開始霸凌同學。

【父母該怎麼做】

給孩子營造鼓勵、支持的氛圍，鼓勵孩子勇敢地去表達出自己的想法，學會說「不」。當孩子開始和父母提出反對意見時，當孩子並沒有以前那麼循規蹈矩時，父母不要刻意地去壓迫孩子，打擊孩子。

重視孩子的心理狀態，給孩子營造安全、和諧、充滿愛的家庭氛圍，讓孩子能感到自信，有安全感。孩子情緒波動比較大時，要教導孩子合理宣洩情緒的方法，給予孩子關愛、支持、陪伴。發現孩子受傷，出現嚴重心理問題時，要及時帶孩子就診治療。

溝通良方

霸凌是對孩子的身心都會造成不可逆影響的行為，但目前還沒有相關的法律對這類行為予以制裁。父母需要對孩子做好教育引導，避免孩子出現暴力傷害行為，也保護孩子免受傷害。

第七章　挫折中的溝通：也無風雨也無晴

父母需營造和諧、有愛、互相理解、支持的家庭氛圍，在家中盡量避免出現爭執、衝突或暴力行為，以防給孩子造成消極示範、造成孩子心理創傷。

從嬰幼兒期，就要開始給予孩子教育引導，任何人沒有傷害他人的權利，培養孩子的人際交往技能，引導孩子融入團體，同時注重強身健體；兒童期應避免孩子接觸一些暴力影像，若孩子出現被霸凌的情況，引導孩子主動求助，給予孩子支持、關愛、陪伴；青春期容易衝動，也更加敏感，要給孩子營造支持、理解、關愛的家庭氛圍，讓孩子感受到安全的陪伴。若出現孩子被暴力傷害的情況，要注意避免網路暴力的二次傷害，可以求助相關機構，帶孩子及時就診治療。

第三節　離異：
父母的問題，與孩子無關

近年來，離婚率呈逐年攀升的趨勢，而婚姻背後的家庭，家庭中的孩子，都是需要謹慎對待的，父母離異該如何與孩子溝通，才能把傷害降到最低？

嬰幼兒期的離異

有些年輕人衝動結婚，孩子降生後，夫妻雙方的性格磨合、家庭生活的壓力、工作的壓力，導致衝突不斷，又匆忙離婚。離婚後的孩子交給老人撫養，年輕的父母再繼續尋求真愛，孩子成了被遺忘、被拋棄的對象。

臭寶的爸爸媽媽離婚了，不到 1 歲的他就被放到了奶奶家撫養。送過來的第一個月，孩子幾乎每天都在哭，奶奶恨恨地喊著「臭寶」，也喊順口了。現在已經快 3 歲的臭寶，每次出門都被小朋友們喊「沒爸媽的臭寶」，臭寶回家問奶奶，奶奶回答說：「你爹娘不要你了。」臭寶哭了很久，之後很少出門玩，話也變得很少。

第七章　挫折中的溝通：也無風雨也無晴

【溝通心理解讀】

經歷父母離異的嬰幼兒，還不懂得會產生深深的自責、內疚，認為是不是自己哪裡做錯了，父母為什麼拋棄自己？他們會有很強的不安全感，有時會幻想父母復合，行為出現退化現象，比如，尿床、黏人、怕黑等。

離異家庭中的孩子，跟著父母一方生活，有些被送給老人撫養，家庭中淡漠的氛圍，使得父母的教育、關愛都有所缺失，難以建立依戀、穩定的安全感、健全的人格，還會產生自卑心理，迴避交往。

【父母該怎麼做】

父母要能以平和的、較好的接納態度，積極樂觀地生活。父母生活的態度，也會對孩子產生影響。父母要客觀地跟孩子解釋，以平靜的、不帶抱怨的心態解釋自己的現狀，引導孩子和自己一起積極、努力地生活。

父母不能因為感覺對孩子有些缺憾而過度溺愛孩子，或過於嚴格要求孩子，要讓孩子也能有正常的心態。讓孩子能與離異的爸爸或媽媽有所接觸，能夠感受父母雙方給自己的愛，讓孩子平時透過多接觸親屬，多感受長輩的關愛。

第三節　離異：父母的問題，與孩子無關

兒童期的離異

真真是一個活潑、可愛的女孩，會唱歌、跳舞、主持，老師都很喜歡她，可是最近真真卻有點反常，從未遲到的她，最近頻繁遲到，上課也經常發呆，老師找她談話，她大哭說：「爸爸媽媽要離婚，他們不要我了。」

經了解，真真的父母最近在鬧離婚，他們也不管真真，真真的媽媽在家裡總是以淚洗面，跟真真不停地抱怨。真真的爸爸在真真面前說她媽媽脾氣太暴躁……他們讓真真決定跟誰過，真真不希望他們離婚，做不出選擇，非常痛苦。

【溝通心理解讀】

父母之間因為離婚的事情在家中發生爭執，導致家庭氛圍緊張，孩子感到為難。有些父母不能很好地調節自己的負面情緒，將孩子當成出氣筒，把情緒發洩在孩子身上。孩子長期遭受這樣的對待，壓抑、憤怒、自責，對父母、對家庭，都會產生憤怒、逃離的心態，有可能還會出現自暴自棄的想法。

有些父母離婚過程中會爭奪孩子的撫養權，並讓孩子自己做出選擇。其實父母雙方都是孩子最親、最愛、最崇拜的人，讓孩子放棄任何一方，都是痛苦的煎熬。孩子會對父母中強勢的一方產生憎恨，對弱勢的一方感到內疚，內心衝突、矛盾、瀰漫著痛苦和壓力，有時會出現自殘、自傷、暴力行為，社交和學業都會出現退步的情況。

第七章　挫折中的溝通：也無風雨也無晴

【父母該怎麼做】

　　父母出現情感問題，必須離婚的情況下，要處理好自己的問題，避免讓家庭中瀰漫著緊張的負面情緒。夫妻之間協商，避免在孩子面前說對方的不是，將孩子捲入其中做決斷。父母需要與孩子做好溝通，給孩子一定的緩衝時間，明確告訴孩子，離婚是父母之間的問題，不管發生什麼，爸爸媽媽都是愛他的。

　　孩子最終跟隨某一方之後，避免在孩子面前成為訴苦的人，將痛苦的情緒轉移到孩子身上，孩子也會自我否定。要能在孩子面前展現對方的優點，讓孩子能夠感受到父母雙方的正能量，讓孩子能有接觸對方的機會，感受到父母雙方的愛，避免因愧疚而沒有原則的溺愛。

青春期的離異

　　英子的父母離婚，對英子來說，一直是一個創傷，她最希望的就是父母能在一起。英子的媽媽經歷婚姻的失敗，將自己的人生希望完全寄託在英子身上，忽略英子自己的人生理想，嚴格控制英子的飲食、活動和學習，只要英子做了不隨自己心意的事情，隨時可能情緒崩潰，英子只能一次次地討好媽媽。

　　英子的爸爸因為愧疚，對英子過度溺愛。英子的媽媽因

第三節　離異：父母的問題，與孩子無關

母女關係過於緊張，嚴格控制英子見爸爸的次數和時間，聽說可能的後媽對英子較好，便產生強烈的憤怒，對英子實施冷暴力。種種原因，英子感到了強烈的矛盾、衝突、壓力、痛苦，開始厭學、失眠、憂鬱，直至離家出走、要跳海，她的父母才幡然醒悟。

【溝通心理解讀】

離異家庭中的父母，有時會難以控制自己的情緒，將自己的人生希望寄託在孩子身上，對孩子過於嚴格控制。這對孩子造成了巨大的壓力，導致青春期叛逆加劇，孩子與父母的衝突也會更多，孩子出現心理問題或極端行為的機率增加。

青春期的孩子正處於建立身分認同的階段，父母的離異，對孩子也是一個打擊。若父母在孩子面前講述對方的不好，孩子會出現自我認同混亂，自我否定，還會怨恨父母的離異，迴避親密關係，甚至對婚姻都會有陰影。

【父母該怎麼做】

父母離婚的事情，不要將具體的細節、矛盾衝突的內容詳細地告知孩子，避免將衝突、離婚的原因歸結為孩子的問題。這樣孩子會對自己產生強烈的自我否定，甚至自我拒斥。即便離婚，父母也要讓孩子感受到雙方的愛、鼓勵和支持。

第七章 挫折中的溝通：也無風雨也無晴

離異的父母若準備再婚，需謹慎做出選擇，確保再婚的對象是充滿愛的，對孩子是接納的，對孩子是關愛的，再婚家庭不會給孩子帶來更多傷痛。另外，父母也需要給孩子充足的時間接受新家庭，合理引導孩子，在再婚家庭中享受到更多的關愛。

■ 溝通良方 ■

離婚的現象目前越來越普遍，而離異家庭的孩子是否會受到離異事件的影響，與父母跟孩子的溝通、養育有很大的關係。

離異家庭中，任何一方的教養缺失都會對孩子產生一定的影響，父母需協商好，給予孩子來自雙方的愛，在不能滿足的情況下，也盡量展示對方的優點，讓孩子產生自我認同。對於離異的原因，說明清楚是父母之間的事，避免在孩子面前發生爭執，避免在孩子面前反覆訴說對方的不是。若準備再婚，要確保再婚的家庭是接納孩子、充滿愛的家庭，避免對孩子產生二次傷害。

最關鍵的是要讓孩子意識到父母離異是父母之間的問題，與孩子無關，不是爸爸或媽媽要拋棄孩子，讓孩子知道爸爸和媽媽都是愛孩子的。

第四節　挫敗：如何擺脫持續的挫折感

1960 年代，美國心理學家塞利格曼（Martin Seligman）經過動物實驗，提出了「習得性無助」的概念。實驗中，他將狗關在籠子裡，只要蜂鳴器一響，就施以電擊，狗關在籠子裡，逃脫不了，只能驚恐哀嚎，多次實驗後，蜂鳴器一響，狗就倒地呻吟哀嚎。之後實驗者在電擊前，把籠門開啟，狗也不逃跑了，蜂鳴器一響，不等電擊出現，狗就倒地呻吟哀嚎。原本可以採取行動避免不好的結果，卻選擇相信痛苦一定會到來，放棄任何反抗。1975 年，塞利格曼選取大學生當受試者，結果也產生了「習得性無助」行為。

每個人的人生都會經歷挫折，但如何看待挫折，遭遇挫折時以什麼樣的心態應對，是僅「一事」未成還是「一事無成」，需要父母給予孩子及時的引導，幫助孩子改變自我否定的心態，建立自信。

嬰幼兒期的挫敗

嬰兒出生後透過哭的方式，呼喚媽媽或照顧者來滿足自己的需求。若持續的哭泣得不到回饋，嬰兒就會形成持續

第七章　挫折中的溝通：也無風雨也無晴

的挫敗感，自己的需求是得不到滿足的，會形成「習得性無助」。幼兒天生對環境充滿好奇，會有各種探索和嘗試，但父母發現可能會有安全隱患，或可能不乾淨，就會立刻喝止、威脅、恐嚇，「不准……」「不能……」、「有大野狼」……在這種風格養育下的孩子，對世界充滿了恐懼和不信任。

【溝通心理解讀】

　　習得性無助是指透過學習形成的一種對現實的無望和無可奈何的行為、心理狀態。表現為消極地面對生活，沒有改變現狀和困境的動力。習得性無助的人會從 3 個角度解釋自己的失敗。

01. 自己的原因，「全都是自己的錯」。
02. 擴大解釋，「我什麼都做不好」。
03. 永久的解釋，「以後都會這樣，無法改變了」，持續的自我否定。

　　父母若對孩子過於高標準地要求，孩子在成長過程中，感受到的都是未達到父母期待的狀態，接收到的始終都是父母負面的評價。看不到父母對自己進步的欣喜，孩子會有強烈的挫敗感，長久下去，會陷入「習得性無助」。

第四節 挫敗：如何擺脫持續的挫折感

【父母該怎麼做】

孩子的需求若能夠及時滿足，就能夠幫助孩子獲得穩定的安全感，建立對他人、對自己的信任。父母與孩子玩親子遊戲，與孩子比賽穿衣、比賽吃飯，可以讓孩子感受挑戰的快感，體會成功的喜悅。

積極鼓勵孩子探索，讓孩子勇敢嘗試，不要恐嚇、威脅、制止孩子的探索行為。家長可以給予孩子及時的鼓勵和誇讚，誇獎孩子時，不是概括、抽象地誇孩子「聰明」、「真棒」，而是具體地對孩子的努力、進步、改變進行誇獎，幫助孩子看到透過自己努力獲得的改變。

兒童期的挫敗

1968年，美國心理學家羅森塔爾（Robert Rosenthal）與雅各布森（Lenore Jacobson）等人在一所小學做了一個實驗，他們隨機從每班抽3名學生，共找出18名，將他們的名字寫在一張表格上，交給校長，並極為認真地說：「這18名學生經過科學測定全都是高智商人才。」8個月後，羅森塔爾和他的助手們又來到該校，發現這18名學生都取得了很大進步，老師也都給了他們正面的評語：性格活潑開朗，自信心強，求知欲強，更願意與他人打交道。羅森塔爾這時才對他們的老師說，自己對這幾個學生一點兒也不了解。

第七章　挫折中的溝通：也無風雨也無晴

欣欣今年 12 歲，家裡有個非常嚴格的爸爸，欣欣無論做什麼都難以得到他的肯定。欣欣考試沒考好，他會生氣地訓斥：「每次都考這麼差，腦子幹什麼用的。」欣欣吃飯吃得慢，他會說：「吃飯都吃這麼慢，難怪學習學不過別人。」欣欣放學出去玩一會兒，他爸爸看到喊回去：「學得不如別人，還有臉出去玩。」在爸爸長期的打擊下，欣欣的話越來越少，每次看到爸爸就躲到房間裡，爸爸仍然會說：「就知道待在房間裡偷著玩。」有一次，欣欣拿著考卷回家，自己也很傷心，明明努力了，還是沒考好，聽著爸爸一直不停地訓斥，欣欣大哭道：「你總是這樣批評我，我那麼笨，你們生我幹嘛！」爸爸也愣住了。

【溝通心理解讀】

羅森塔爾效應告訴我們，期望對孩子的影響之大。老師寄予了更高的期望，投入了更大的熱情，更加信任、鼓勵他們，反過來這些孩子的自信心也得到了加強，他們進步得更快，發展得更好。父母給予孩子積極的鼓勵和期待，這可以增強孩子對自我價值的認知，變得更加自信，並努力達到父母的期待。反之，向一個人傳遞消極的期望則會使人自暴自棄，放棄努力。

有些父母使用打擊教育，對孩子要求很高，只要達不到要求就批評指責；孩子做錯一點事，就指責打罵；孩子以前

第四節　挫敗：如何擺脫持續的挫折感

做不好，就認為孩子一直做不好，對孩子不抱希望。長此以往，父母對孩子失去了信心，這種負面評價投射給孩子，孩子也不相信自己能做好，會產生持續挫敗感，喪失行動的動力，甚至會產生更悲觀的念頭。

【父母該怎麼做】

父母在育兒的過程中，要學會放鬆，釋放焦慮，對孩子能夠保持積極的期待，能夠帶著發現美的眼光看待孩子的成長。孩子取得好成績給予表揚，同時，在孩子努力取得進步，成績變化並不大時，也需要給予孩子安慰和鼓勵。

孩子會為了自己沒達到期待的目標，而感到痛苦和難過，甚至大哭、發脾氣、賭氣時，父母需要耐心陪伴他，安慰他，幫他平復這樣的情緒，引導孩子看到自己的努力、看到自己優秀的特質，在孩子反覆經歷成功、挫折後逐漸理解成功需要自己的努力，輸贏不會總偏向某一人。

永遠不給孩子亂貼負面標籤，例如，「你真笨」、「做什麼都做不好」，這是對他們整個人的否定。少一些批評、責罵，多一些包容、鼓勵，引導孩子從錯誤和失敗中總結，看到自己的優點，找到不足，收穫經驗，逐步成長。

第七章　挫折中的溝通：也無風雨也無晴

■ 青春期的挫敗 ■

婷婷今年讀高一，人生第一次住校。面對新學校，新環境，課程加重，婷婷體驗到了前所未有的挫敗感，盥洗、整理、打掃環境都比別人慢；數學老師語速過快還帶點口音，不太能聽懂；坐得有點靠後，看不清楚黑板上的字；第一次月考成績出來，婷婷的名次比入學時掉了十幾名。婷婷經歷了人生的第一次失眠，熄燈後在廁所哭，躲被窩哭。「我真是太差了」、「怎麼能這麼糟糕」、「我不是塊學習的料」、「學不好了吧」……眾多消極觀念在她的腦海中浮現，她開始不斷地自我否定。

週末放假回家，看到低著頭、腫著雙眼的婷婷，婷婷的父母和她進行了促膝長談，跟婷婷仔細總結：看不清楚黑板，視力下降，配眼鏡；聽不清楚的，先做好預習，透過已經理解的內容多加訓練跟上老師的語速；月考的成績，數學拖了很大後腿，其他科目還都是前幾名，不是學習能力的問題；數學錯的比較多的都集中在其中一章的內容上，針對性的補習可以趕上去；掉了十幾個名次，還排在中上，後面還有很多人呢，不要急……經過父母的開導，婷婷找回了自信。

【溝通心理解讀】

青春期的孩子，內心很敏感，經受幾次失敗就會產生強烈的挫敗感，努力很久，卻始終達不到自己的預期目標，就開始

第四節　挫敗：如何擺脫持續的挫折感

相信「命運」，覺得一切的努力都是徒勞，認為自己做什麼都做不好，甚至產生十分悲觀的想法——「我就是這麼糟糕」。

美國心理學家韋納（Bernard Weiner）把人們對成敗的結果歸結為 6 種原因：能力、努力程度、任務難度、運氣、身心狀況和外界環境。又把上述 6 種原因按各自的性質，分別歸入 3 個層面：內部因素和外部因素、穩定性因素和非穩定性因素、可控制因素和不可控制因素。

【父母該怎麼做】

引導孩子進行合理的歸因，若每次失敗都是自身的原因，成功都是運氣，孩子容易自卑、自我否定。要幫助孩子在失敗中看到外部因素，比如，難度、狀態等；在成功中能夠看到自己的內部因素，比如，能力、努力等；幫助孩子建立自信、增強戰勝挫折的勇氣，相信自己的能力。

在孩子遇到挫折、失敗時，父母需以平和的心態，幫助孩子進行分析，引導消除孩子極端的、否定的自我認知，改善情緒狀態，肯定孩子的成績和努力，跟孩子一起制定可以逐步實現的階段性目標，不斷增強自信。

在孩子遭受挫折時，可以用《孟子》中這段經典的語句給予鼓勵：「天將降大任於斯人也，必先苦其心志，勞其筋骨，餓其體膚，空乏其身，行拂亂其所為，所以動心忍性，增益其所不能。」

第七章　挫折中的溝通：也無風雨也無晴

■ 溝通良方 ■

孩子經歷挫折，尤其是持續性的挫折後，容易形成「習得性無助」，認為都是自己的原因，什麼都做不好，持續悲觀、自我否定。父母需要給予孩子進行引導，建立自信，以積極的態度看待挫折。

嬰幼兒期，父母需及時回應孩子的需求，幫助孩子建立對自己、對環境的信任，避免形成「習得性無助」；從兒童期開始，父母需要給予孩子及時的鼓勵與支持，引導孩子看到自己身上的優點，引導孩子對成功和失敗進行合理的歸因，看到自己的能力，看到自己的努力能夠得到的進步和改變，幫助孩子消除對自己的否定的、不合理的信念，調整好情緒，積極樂觀地面對生活。

第五節　死亡：敬畏生命、儀式告別

據世界衛生組織統計，自殺已經成為 15 到 29 歲的青年族群中第二常見的死因。為人父母，很重要的一堂課，也是畢生都要學習的功課，就是死亡教育。「死亡教育」的目的是要讓孩子認識到生命的有限，樹立正確的生死觀念，尊重生命，以正確的態度追求生命的價值和意義。

嬰幼兒期的生命教育

小年的爸爸有一次幫小年洗澡時，對他說：「再長大一點兒就可以自己洗澡了哦。」小年說：「我要到 100 歲再自己洗。」爸爸回答：「等你到 100 歲時，爸爸媽媽都不在了。」小年問：「你們去哪裡了？」爸爸說：「就去另外一個世界了。」小年問：「我可以去嗎？」爸爸說：「要等你 100 歲以後才能去哦。」

從那之後的連續幾天，小年總會時不時地問爸爸或媽媽：「你們在我 100 歲以後去哪裡？為什麼去另外一個世界？」爸爸被問得不耐煩後，最終直接回答：「我們會死啊。」小年說：「死是什麼？」爸爸說：「死了就是沒有呼吸，沒有生命

第七章 挫折中的溝通：也無風雨也無晴

了。」小年的爸爸媽媽還有點擔心是不是太早講述了關於死亡的話題。

【溝通心理解讀】

研究顯示，孩子 4 歲左右會產生死亡的概念，如果無法得到父母或者老師的正確引導，容易對死亡產生錯誤認知，進而形成負面情緒，影響一生。

孩子開始對死亡有朦朧的意識時，就應給予恰當的引導，透過繪本故事、生活體驗等理解生命的歷程，了解生、老、病、死的自然規律。

【父母該怎麼做】

若父母和孩子在溝通的過程中涉及了死亡的話題，或者有親人離世，可以透過和孩子共讀繪本故事的方式，幫助孩子理解死亡。

父母也可以帶著孩子一起觀察自然界的植物和動物，帶著孩子種植花草、養育小動物。從小草的「一歲一枯榮」，花謝花開，昆蟲、動物的成長變化等自然現象中，了解到生命的歷程，理解生命發展直至死亡的規律。

第五節　死亡：敬畏生命、儀式告別

■ 兒童期的生命教育 ■

有一則報導，因為男女生之間懵懂的情感誘發出謠言，導致六年級的苗苗服毒自殺，她的 4 個朋友接受不了苗苗的離開，相繼自殺，所幸都被救下。令人唏噓的是，老師和父母在自殺事件發生後，並沒有及時注意到孩子的變化，及時地進行疏導、教育。在連環事件發生後，學校和父母都沒有人對孩子進行死亡教育，而父母、老師也都困擾於不知如何與孩子談論這類話題。

四年級的悠悠，中午正在學校自習，好友娟娟跑到她身邊說：「中午經過妳家門口，看到好多人都在哭，好像妳外婆去世了。」悠悠聽了趴在桌子上哭了起來，下午的課沒上多久，家裡的幾位表兄妹都一起被叫回了家，看到大家都在哭，聽著大人的哭訴，知道「走了」就是再也見不到了，幾位小朋友也一起哭了起來。晚上悠悠有點害怕，悠悠的媽媽對她說：「不用怕，外婆是我們的親人，走了也會守護著我們的。」悠悠聽了，安心地睡著了。

【溝通心理解讀】

孩子對死亡的恐懼，一方面是看到平時很厲害的大人們都在很無助地哭泣；另一方面是看到葬禮現場異於尋常的布置，他們不能完全理解，他們所體會的是對喪葬環境的恐

第七章　挫折中的溝通：也無風雨也無晴

懼，移情的是大人的痛苦和傷心。此時需要給予孩子及時的引導，幫助孩子理解環境的含義，大人們傷心、痛苦的原因。孩子開始了解死亡，理解死亡便是生命的終結，有時還會做跟死亡相關的噩夢，逐漸了解每個人都會在未來的某一天死去。

史學家司馬遷說過，「人固有一死，或輕於鴻毛，或重於泰山」。生命的長度是有限的，但每個人生命的寬度、生命的價值，卻是不一樣的，引導孩子從死亡中看到生命存在的價值和意義才是死亡教育、生命教育的關鍵。

【父母該怎麼做】

引導孩子正確地看待死亡，面對孩子提出的有關死亡的問題，尤其是身邊有親人去世時，不迴避死亡的話題，能以直接、簡單的方式回答孩子提出的問題，讓孩子理解死亡是生命的終結。可以透過與死亡教育相關的書籍、電影，更容易理解死亡。

可以帶著孩子參加親人的葬禮，理解去世的含義，引導孩子發洩內心的痛苦和傷心，做好告別。大人在發洩自己的情緒之後，也要能關注到孩子的情緒，讓孩子意識到父母雖然經歷了傷心、痛苦，但仍然可以給予他足夠的安全感。

第五節　死亡：敬畏生命、儀式告別

青春期的生命教育

最近幾年，未成年人自殺的事件劇增，自殺的原因包括學習壓力太大、與父母有矛盾、一時衝動、同伴模仿等。輕易地放棄生命，對家庭是沉痛的打擊，而父母常常只能在事後後悔為什麼沒能早些關注到孩子的狀態，為什麼沒有及時給予孩子疏導。

控制型的父母、批判式的教育，容易造成孩子很大的壓力；衝突的家庭氛圍、暴力的父母，會造成孩子創傷，導致孩子的暴力行為；消極的父母對孩子漠視，孩子容易走上歧路；溺愛的父母、沒有原則的撫養，孩子缺乏底線、規則意識，都不利於孩子的成長，也更容易出現極端事件。

【溝通心理解讀】

青春期的孩子內心非常敏感，好友、親人的離世對孩子的打擊非常大，孩子會體會到孤獨、無助、自責、恐懼。父母需要給予更多的細心、耐心，給予孩子更多的關愛與陪伴，讓孩子感受到關愛、理解、支持、尊重，體會到足夠的安全感。

如今很多青少年都承受不了壓力和挫折，缺乏對生命的敬畏。他們需要在成人的引導下，樹立對自己人生的信心，增強對自己、對他人、對社會的責任心，增強挫折的耐受力、釋放壓力的能力、情緒的調節能力，強化對生命意義的認知。

■ 第七章　挫折中的溝通：也無風雨也無晴 ■

【父母該怎麼做】

　　父母需及時關注孩子的情緒狀態，尤其當孩子周圍出現了極端事件時，更要給予孩子及時的引導，理解孩子狀態低迷的原因，當孩子出現「他人的死亡是自己的錯」的自責念頭時，要及時干預，幫助孩子擺脫這樣的觀念，讓孩子認知到死亡不是他們的錯，與他們無關。引導孩子透過寫日記、畫畫、聽歌、運動等方式，發洩自己傷心、痛苦的情緒，與孩子一起運動、看電影等，幫助孩子調整狀態，與孩子探討生命的意義，讓孩子知道，父母就在他們身邊。

　　營造溫馨、和諧、有愛的家庭氛圍，與孩子理性、平等地溝通，讓孩子體會到父母對自己的關愛與珍視，父母的愛是無條件的。父母自身要樹立珍愛生命、堅毅的榜樣，教育孩子尊重他人和自己的生命。透過講解一些榜樣人物的事蹟、領略各地風土人情，讓孩子感受生命的意義和價值，引導孩子探尋自己的興趣和人生價值。

■ 溝通良方 ■

　　死亡，對亞洲人來說，是比較嚴肅的話題，父母很少與孩子主動提及。但若孩子的生活中已經涉及親人或友人的死亡，或者孩子主動談論起了相應的話題，父母就應坦然地與孩子進行溝通。

第五節　死亡：敬畏生命、儀式告別

從嬰幼兒期開始，孩子便意識到了「死亡」的概念，可以透過閱讀繪本故事、觀察身邊的花、鳥、蟲、魚，理解死亡的含義；兒童期的孩子，對死亡有了更多的理解，可以讓孩子參與親人、友人的葬禮，理解身邊的人在面對死亡時的情緒，給予孩子足夠的安全感，引導孩子宣洩負面情緒；青春期的孩子，需要更多的生命教育，讓孩子尊重他人和自己的生命，培養孩子的耐挫力，引導孩子探尋自己的興趣和人生價值。

國家圖書館出版品預行編目資料

沉默中的共鳴，讀懂孩子言行中的隱藏訊息：由正向溝通開始，陪伴孩子度過成長中的每一個關鍵時刻 / 錢榮 著 . -- 第一版 . -- 臺北市：崧燁文化事業有限公司, 2024.09
面；　公分
POD 版
ISBN 978-626-394-807-5(平裝)
1.CST: 親職教育 2.CST: 子女教育 3.CST: 親子溝通 4.CST: 兒童心理學
528.2　　　113012909

電子書購買

爽讀 APP

沉默中的共鳴，讀懂孩子言行中的隱藏訊息：由正向溝通開始，陪伴孩子度過成長中的每一個關鍵時刻

臉書

作　　　者：錢榮
責任編輯：高惠娟
發 行 人：黃振庭
出 版 者：崧燁文化事業有限公司
發 行 者：崧燁文化事業有限公司
E - m a i l：sonbookservice@gmail.com
粉 絲 頁：https://www.facebook.com/sonbookss/
網　　　址：https://sonbook.net/
地　　　址：台北市中正區重慶南路一段 61 號 8 樓
8F., No.61, Sec. 1, Chongqing S. Rd., Zhongzheng Dist., Taipei City 100, Taiwan
電　　　話：(02) 2370-3310　　　傳真：(02) 2388-1990
印　　　刷：京峯數位服務有限公司
律師顧問：廣華律師事務所 張珮琦律師

-版權聲明

本書版權為樂律文化所有授權崧燁文化事業有限公司獨家發行電子書及紙本書。若有其他相關權利及授權需求請與本公司聯繫。
未經書面許可，不得複製、發行。

定　　　價：375 元
發行日期：2024 年 09 月第一版
◎本書以 POD 印製
Design Assets from Freepik.com